KB201905

그럼에도
몽골

그럼에도 몽골

글 차은서
사진 김창규·차은서

✦ 고비사막, 타왕복드, 홉스골, 사진작가 시즈닝그라피의 몽골여행

푸른향기
Prunhyanggi Publishing Co.

✦ 일곱 번의 몽골 여행,
   무엇이 나를 그곳으로 이끄는가?

그동안 일곱 번의 몽골 여행을 경험한 나는 지난해 가을, 친한 언니를 통해 "몽골에 관한 책을 써보는 것이 어떻겠니?"라는 제안을 받았다.

주변에서는 종종 "퍼스널 컬러가 몽골 같다", "몽골과 전혀 이질감이 느껴지지 않는다", "이러다 몽골로 이주하는 것 아니냐" 등의 이야기를 들었다. 심지어 "전생에 몽골 사람 아니냐?"는 말도 자주 듣는다. 실제로 남편과 내가 경험한 몽골 여행의 에피소드를 전해 듣고 몽골에 관심이 없던 사람조차 몽골행을 결심하는 경우가 많았다. 실제로 우리와 함께 여행을 떠난 이들도 적지 않았다.

"혼자는 겁이 나지만, 두 사람과 함께라면 기대된다."

이러한 말들이 하나둘 쌓이며 자연스럽게 '몽골 홍보대사'라는 별칭을 얻게 되었다. 몽골 이야기를 꺼낼 때면 그 어느 때보다 눈을 초롱초롱하게 반짝이며 시간 가는 줄 모르고 떠들며 추억이 담긴 사진 하나하나 꺼내 자랑하는 우리 부부의 모습을 지인들은 자주 목격했다. 덕분에 많은 이들의 버킷리스트에 '몽골 여행'이 추가되었다. 내가 반한 몽골의 매력은 단순한 풍경이 아니다. 태초의 제주도를 떠올리게 하는 대자연, 가식 없는 따뜻한 사람들, 그리고 대가 없는 친절함이 몽골을 특별한 곳으로 만들었다. 이러한 매력 덕분에 나는 마치 태어난 곳으로 돌아가는 연어처럼, 몽골행 비행기표를 예약하는 것이 자연스러운 일이 되었다.

물론 체력적으로나 환경적으로나 몽골은 힘든 것투성이인 나라임이 분명하다. 몽골에서 보낸 시간을 모두 합치면 반년이 훌쩍 넘고, 웬만한 현지 가이드보다 더 많은 지역을 여행했지만, 여전히 몽골의 양고기를 제대로 먹지 못한다. 많은 사람이 "몽골을 그렇게 자주 다녀왔으면 양고기 정도는 익숙해졌겠지?"라고 묻지만, 양고기의 향을 극복하는 것은 마치 고수의 맛을 극복하는 것만큼이나 어렵다. 화장실 문제도 마찬가지다. 어릴 적 시골에서 자라 재래식 화장실에 익숙한 나조차도 몽골에서 마주하는 화장실의 상태는 매번 새로운 충격을 안겨 준다. 상상 그 이상의 비주얼쇼크를 안겨주는 화장실들을 경험하며 나름의 생존 기술도 터득했다 그러나 이러한 불편함조차도 몽골의 자연 앞에서는 충분히 감내할 수 있다. 이러한 이유로 이 책의 제목을 『그럼에도 몽골』로 정했다.

몽골은 우리나라에서 불과 세 시간 반이면 도착할 수 있는 가까운 나라다. 여름에는 밤하늘을 수놓은 끝없는 은하수를 만날 수 있고, 겨울이면 영하 50도에도 얼지 않는 북유럽 풍경 뺨치는 강이 있으며, 사막과 제주도 일곱 배 크기의 호수를 동시에 품고 있는 몽골은 우리가 매체를 통해 접하는 모습보다 훨씬 더 다채로운 매력을 지니고 있다. 내가 직접 경험한 몽골은 감동과 아름다움의 연속이었다. 이 책에서는 우리나라 사람들에게 잘 알려진 고비사막과 홉스골뿐만 아니라, 유럽과 미주 여행자들에게 인기 있는 타왕복드, 겨울 몽골을 소개하려고 한다. 특히 타왕복드는 멀고 험해 잘 알려지지 않은 곳이다 보니 많은 사람이 진정한 몽골의 아름다움을 접하기 어려운 것이 현실이다. 그렇지만 이 책을 통해 조금이나마 '내가 느끼고 사랑에 빠진 몽골의 진짜 매력'을 느끼고 수박 겉핥기식 몽골 여행이 아닌 '진짜 몽골'을 만날 수 있기를 바란다.

요즘 MZ들에게 '몽골 여행'이 유행하고 있다고 한다. 치열한 일상과 복잡한 인간관계 속에 지친 청춘들에게 몽골은 치유 여행지가 될 수 있다. 나 역시 몽골에서 위로받고, 마음의 안정을 찾았기에 이곳이 누군가에게도 편안한 안식처가 되기를 바란다. 일곱 번의 몽골 여행을 통해 나는 성장했고, 예기치 못한 수많은 에피소드를 경험했다. 몽골에서의 시간들이 쌓여 지금의 나를 만들었다. 힘들고 외로운 순간, 그리고 행복하고 싶을 때마다 자연스럽게 떠오르는 곳, 결국 몽골이다.

Contents

Chapter 2 ✦ 인생의 고비를 맛보고 싶다면 고비사막

Chapter 3 ✦ 몽골의 백두산, 그리고 만년설, 타왕복드

Chapter 4 ✦ 유목민 가족과의 2박 3일

Chapter 5 ✦ 몽골인들의 휴양지, 홉스골

몽골 지도

자르갈란트

타왕복드

홉스골 호수
에르데네트
기차
울란바토르(수도)

쳉헤르 온천

으문 고비
(남고비)사막
차강소브라가

욜링암

Chapter **1**
걱정투성이였던
나의 첫 몽골 여행 준비기

✦ 몽골은 무조건 패키지여행

나는 MBTI에서 E(외향성)를 가진 ENFP, 즉 재기발랄한 활동가이다. 평소 틀에 얽매이거나 남이 정해 놓은 계획을 따르는 것보다는 자유로운 방식으로 살아가는 것을 선호한다. 신혼여행을 떠날 때도 패키지여행이 아닌 자유여행을 선택해 숙소와 여행 경로를 직접 계획했고, 친구들과의 여행에서도 하나하나 계획하며 자유로운 일정을 짰다. 그런 내가 몽골 여행만큼은 패키지여행을 선택했다니, 의외의 선택이었다.

그럼에도 불구하고 여러 명과 함께하는 몽골 여행이 좋았던 이유는 브레이크가 고장 난 8톤 트럭 같은 내 체력과 열정을 나눠 감당할 수 있는 동행들이 있었기 때문이다. 평소 남편이 나의 넘치는 에너지를 혼자 받아내기에는 체력적으로나 정신적으로 부담이 컸고, 결국 둘만의 여행에서는 사소한 일로 다투는 일이 많았다. 하지만 몽골 여행에서는 남편을 대신해 내 텐션을 함께 나눌 동행들이 많았고, 덕분에 우리 부부에게 몽골 여행은 유난히 평화로운 경험으로 남았다.

패키지여행이 성공적으로 마무리될 수 있었던 또 하나의 이유는 좋은 가이드를 만났기 때문이다. 나의 첫 몽골 여행을 이끌어 준 가이드 아미는 흔히 알려진 관광지뿐만 아니라, 나의 취향을 반영한 맞춤형 일정으로 여행을 꾸려 주었다. 덕분에 자유로운 패키지여행이 가능했고, 만족스러운 경험을 할 수 있었다. 나는 이미 일곱 번이나 몽골을 찾았지만, 정작 고비사막의 대표적인 명소인 바양작을 한 번도 방문하지 않았다. 바양작에는 관람객 편의를 위해 나무 데크가 설치되어 있는데, 인공적인 구조물이 들어선 곳보다는 자연 그대로의 모습을 간직한 곳을 더 선호하기 때문이다. 그래서 상대적으로 덜 알려졌지만, 더욱 장엄한 풍경을 자랑하는 차강소브라가를 찾곤 했다. 또한 홉스골로 향하는 길목에는 현지인들에게도 유명한 허르거 화산이 있다. 대부분 홉스골을 방문하는 여행객들이 반드시 오르는 곳이지만, 나는 제주 살이

chapter 1_걱정투성이었던 나의 첫 몽골 여행 준비기

10년차로 이미 화산 지형에 익숙했기에 굳이 힘들게 등반할 필요를 느끼지 못했다. 몽골에서는 길을 가다 잠시 정차하는 모든 곳이 대자연이며, 어디서든 새로운 경험이 가능했다. 따라서 반드시 유명 관광지를 방문해야 한다는 부담 없이도 늘 만족스러운 여행이 가능했다.

무엇보다 몽골은 자유여행으로 가기 어려운 나라다. 현실적인 이유가 분명하다. 먼저, 한국인은 제네바 협약에 가입되어 있고 몽골은 비엔나 협약에 가입되어 있어 한국인의 몽골 내 운전이 법적으로 불가능하다. 또 오지로 가면 몽골어 외의 언어는 전혀 통하지 않아 여행 중 현지인을 만나 대화할 일이 생기면 아기 새가 엄마 새에게 필요한 것을 요청하는 간절한 눈빛으로 가이드에게 의존할 수밖에 없다.

몽골에서는 숙련된 운전기사도 반드시 필요하다. 단순히 현지 면허 때문만이 아니라, 몽골의 도로 환경이 극한 상황이기 때문이다. 비포장 도로는 기본이며, 돌산을 거의 90도에 가깝게 기울여 넘거나, 표지판 하나 없는 광활한 평원에서 산의 형상만 보고 길을 찾아야 하는 경우도 많다. 타이어가 펑크나거나 차량 부품이 망가져도 대수롭지 않게 차량을 고쳐야 하는 것도 운전기사의 일이다. 방법이 없는 것은 아니다. 러시아에서 배를 통해 개인 차량을 들여와 몽골 국경을 넘어 운전하는 방법이 있다. 언젠가 기회가 되면 고비 색깔인 우리 차로 몽골을 횡단하는 꿈을 이루고 싶다.

다시 동행과 함께하는 여행의 장점으로 돌아가 보자. 몽골을 만나기 전까지 나는 여행을 할 때 최대한 많은 곳을 방문하고, 인증 사진을 남기는 것이 여행의 성과라고 생각했다. 하지만 몽골에서는 그런 방식이 전혀 의미가 없었다. 하루에 7~8시간씩 이동하는 것은 기본이고, 차량 고장으로 길 한복판에 갇히는 일도 허다했다. 결국 자연이 흘러가는 대로 순응하는 것 외에는 방법이 없었다. 조급한 마음을 내려놓고 순간을 받아들이자, 비로소 몽골의 진정한 매력을 느낄 수 있었다. 개인적으로 몽골에서 좋았던 순간을 꼽자면 자동차가 고장 나 마을에 갇혀 있다 염소 떼를 만나 염생 샷을 찍은 순간, 엔진 열이 식기를 기다리며 1시간씩 걸으며 만났던 자연과 사람 사는 풍경, 그리고 게르 그늘에 앉아 멍때리며 자연을 고스란히 느낀 그 순간들이었다.

과연 내가 남편과 단둘이 몽골 여행을 다녀왔더라면, 지금처럼 몽골이라는 나라와 깊이 사랑에 빠질 수 있었을까? 돌이켜 생각하면 답은 결코 아니었을 것이다.

✦ 아미를 만나고 진짜 여행이 시작되었다

2018년에 처음 몽골 여행 할 당시만 해도 몽골에 대한 정보는 턱없이 부족했다. 지금처럼 SNS를 통한 팸투어도, 현재 1위 몽골 여행사가 만든 여행 어플도 없었고, 몽골 여행을 위한 정보는 네이버 카페 '러브 몽골'이 거의 유일한 창구였다. 그리고 바로 그곳에서 운명처럼, 나의 몽골 여행을 책임질 가이드이자 지금은 절친한 친구가 된 아미를 만났다. 러브몽골에 '고비사막 여행 견적 부탁드립니다'라는 글을 올리자 다섯 개의 업체에서 연락이 왔다. 나는 심사숙고 끝에 가장 합리적인 견적을 제시한 아미를 선택했다.

몽골 여행을 떠날 때 어떤 가이드를 만나느냐에 따라 몽골이라는 나라에 대한 만족도가 하늘과 땅 차이로 결정된다는 말이 많을 때였다. 사실 더 큰 문제는 가이드가 아닌 바로 나였다. 처음 가보는 몽골에 대한 궁금증이 폭발한 나는 출국 전부터 매일 밤 카카오톡으로 아미에게 질문을 퍼부었다. 나중에 들은 이야기지만, 아미는 '이 사람은 정말 걱정이 많고, 검색까지 철저히 하는구나'라고 생각하며 내 질문 세례에

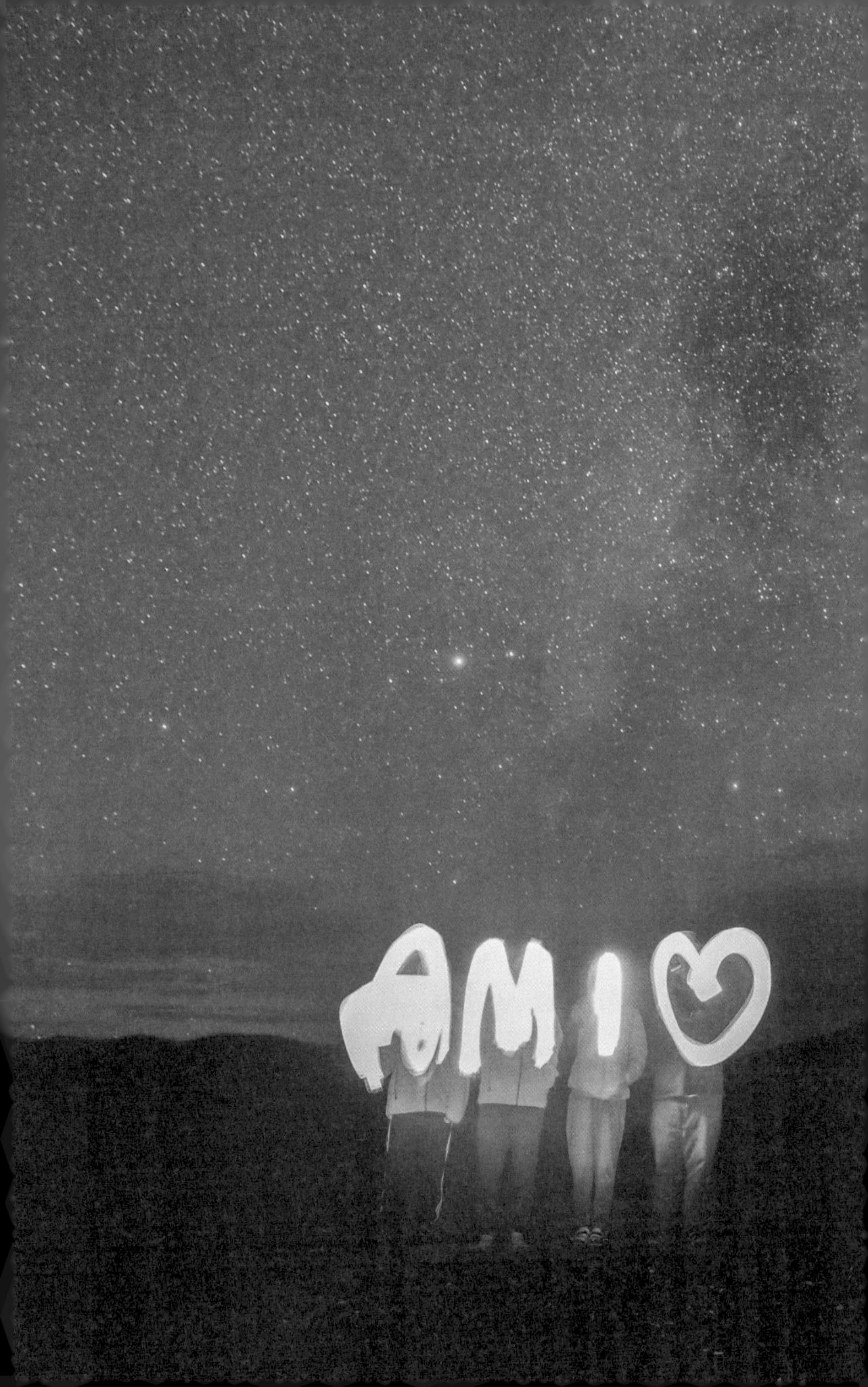
AMI

적잖이 당황했다고 한다. 심지어 "누나가 검색을 너무 많이 해서, '검색학과' 출신인 줄 알았어요"라며 웃던 그의 얼굴이 아직도 기억에 선명하다. 몽골 여행에 대한 정보가 턱없이 부족했고, 해결되지 않은 질문을 안고는 잠을 못 이루는 나의 성격 덕분에 아미는 꽤나 힘든 시간을 보냈을 것이다. 이 글을 빌려 늦은 사과를 전한다.

두 번째 몽골 여행부터는 아미를 전적으로 신뢰하고 온전히 여행에 집중할 수 있었다. 한때 '걱정 인형'이라 불릴 만큼 사소한 일에도 신경을 곤두세우던 내가 이제는 다른 한국인 여행자들에게 "그냥 있는 그대로 받아들이면 돼요"라며 조언하는 사람이 되었다.

현재 아미는 한 아이의 아버지가 되었지만, 처음 만났을 당시 그는 24살의 풋풋한 청년이었다. 아미는 대구대학교에서 유학한 몽골인으로, 여러 대학 중 대구대를 선택한 이유가 '앞으로 읽어도 대구대, 거꾸로 읽어도 대구대'라는 말이 예뻐서였다고 한다. 이 한마디에 그의 순수한 영혼이 단번에 느껴졌다. 그는 한국에서 열린 '독도 말하기 대회'에서 1위를 차지하며, 그 상으로 독도까지 다녀온 '대한 몽골인'이다. 그의 한국어 실력은 수준급이라, 함께 여행했던 동행들이 나를 아미로 착각하고 아미를 한국인으로 오해할 정도였다. 코로나 시절에는 몽골 대학에서 몽골인들을 대상으로 한글을 가르치기도 했다. 아미는 한국에 있는 동안 경상도에서 지낸 덕분에 경상도 말을 하는 한국인이 오면 내적 친밀감이 두 배로 상승한다고 했다. 내 고향이 경남 거제인 덕에 우리는 단 하루 만에 말을 놓으며 친한 사이가 되었다. 물론 내 친화력과 그 못지않은 아미의 텐션이 한몫했을 테지만, 아미의 외모는 우리가

흔히 생각하는 몽골인들과는 거리가 멀다. 170cm 정도의 키와 하얗고 뽀얀 피부에 안경을 쓴 그는 첫인상부터 신선한 느낌을 주었다. 그 모습이 살짝 의아해 아미에게 물었다.

"어? 안경을 썼네요? 몽골 사람은 시력이 좋다고 들었는데?"

그러자 그는 능청스럽게 대답했다.

"아, 한국에서 유학할 때 물이 안 좋아서 시력이 나빠졌어요."

이 말을 듣고 나는 한참을 웃었다. 물론 믿거나 말거나의 영역이지만.

세 번째 몽골 여행에서는 실수로 안경을 한국에 두고 와서 몽골에서 안경을 맞추는 해프닝이 있었다. 예상외로 몽골에는 안경점이 꽤 많았고, 더 놀라운 것은 안경점마다 사람들이 북적거리고 있었다는 사실이었다. 특히 울란바토르에는 시력이 좋지 않은 사람들이 많다고 한다.

아미는 어린 시절 칭기즈칸의 고향인 헨티 아이막(몽골의 행정구역) 근처에서 살다가, 중학생 때 울란바토르와 테를지 사이에 있는 거르덕이라는 마을로 이사했다. 어쩌면 그때부터 그의 시력이 나빠진 것이 아닐까 하는 엉뚱한 생각도 해본다.

그는 거르덕에 대한 애정을 가득 담아 직접 노래를 만들 정도로 음악적 재능도 뛰어나다. 작사와 랩을 직접 하며, 그의 유튜브 채널에서 1.3만 조회수를 기록한 'Gorodok' 뮤직비디오는 그의 대표작이다. 처음 만났을 때 그는 "몽골 여행에 대한 곡을 만들고 싶다"라고 투명하게 반짝이는 눈으로 말했다. 그때는 그냥 어린아이가 하는 농담 정도로 넘겼는데, 지금은 그가 언젠가 발표할 '몽골여행 테마곡'을 손꼽아 기대하고 있다.

아미는 한국어를 능숙하게 구사할 뿐만 아니라, 몽골에 대한 애국심도 남다르다. 처음 우리가 몽골을 방문했을 때, 그는 이동 중에도 지나치는 모든 장소의 역사와 문화를 열정적으로 설명해 주었고, 그 모습을 보며 애국심이라곤 눈곱만큼도 없던 나 자신이 부끄러웠다. 지금도 나는 몽골 여행 관련 유튜브나 블로그를 자주 찾아보지만, 아미처럼 반짝이는 눈으로 몽골에 관해 설명하는 사람을 본 적이 없다. 그는 마치 자동응답기처럼 내가 몽골에 대해 궁금한 것을 물으면 즉각 답을 해주었다. 그의 깊은 애정이 담긴 설명 덕분에 나는 더욱 몽골이라는 나라에 빠져들었고, 여전히 새로운 몽골 정보를 접할 때마다 '검색 학과 출신'답게 아미를 괴롭히며 질문을 던지고 있다. 나는 몽골을 알고 싶고, 몽골은 여전히 나를 궁금하게 한다. 나는 여전히 몽마르다.

✦ 몽골 여행을 떠나기 전
가장 먼저 체크해야 할 10가지

1. 나는 새로운 사람과 최소 2박 3일 이상 같은 곳에서 지낼 수 없다.

2. 나는 위생에 철저한 편이다. (3일 이상 씻지 못할 수도 있음)

3. 나는 계획된 일정이 틀어지거나 변수가 생기면 불안해진다.

4. 나는 음식에 대한 편식이 심한 편이다.

5. 나는 하루에 최소 7시간 이상 차를 타는 것이 어렵다.

    (중간에 밥은 먹여줌)

6. 나는 화장실이 아주 중요하다.

7. 나는 전기와 와이파이가 없으면 불편하다.

8. 나는 냄새에 민감하다.

9. 나는 벌레를 극도로 싫어한다.

10. 나는 준비물이 많은 여행을 선호하지 않는다.

위 10가지 중 6가지 이상 해당된다면, 몽골 여행을 다시 고려해보는 것이 좋다. 하지만 모든 항목이 해당된다 해도 걱정할 필요는 없다. 몽골 여행에도 해결책은 존재한다.

1. 나는 새로운 사람과 최소 2박 3일 이상 같은 곳에서 지낼 수 없다.

많은 사람이 몽골 여행을 가기 위해 동행을 구해야 한다고 생각하지만, 반드시 그런 것은 아니다. 1~2인으로 지인과 프라이빗하게 여행하고 싶다면, 그만큼 비용을 더 지급하면 충분히 쾌적한 여행이 가능하다. 몽골 여행을 4~6인으로 가는 이유는 비용 절감이 가장 크기 때문이다.

2. 나는 위생에 철저한 사람이다.

몽골에는 총 21개의 아이막(몽골의 행정구역)이 있다. 몽골을 여행할 때 대도시를 거의 무조건 거치게 되어있는데, 그곳에서 유료 샤워장을 이용할 수 있다. 우리나라처럼 대중 목욕탕이라기보다는 개별 샤워 부스를 갖춘 시설이다. 온수는 대부분 나오지만, 수압이 약하거나 온수가 제한적일 수도 있다.

3. 나는 계획이 된 일정이 틀어지고 변수가 발생하면 힘들어한다.

가끔 몽골 여행 후기를 찾아보면 가이드가 처음에 제시한 일정과 다르게 움직이고, 차가 고장이 나서 여행의 질이 망가졌다는 글을 볼 때가 종종 있다. 이 부분은 그냥 내려놓고 받아들일 수밖에 없다. 푸르공은 본래 군용 무기를 실으려고 제작된 차량이다. 애초에 사람을 실으려고 만든 차가 아니니 승차감이 좋을 수가 없다.

버튼도 거의 없고 기어도 단순하다. 그리고 오래된 만큼(30만km 이상

운행한 차를 심심찮게 만나볼 수 있다) 운행을 오래 하면 엔진이 과열되어 무조건 쉬어줘야 하는 개복치 같은 면이 있는 차다. 그렇지만 아무런 기능 없이 엄청 단순한 구조로 만들어져서 쉽게 고칠 수 있다는 장점과 귀여운 외관 덕분에 사랑받는 차다.

나는 여행 중 푸르공이 퍼진 덕분에 예상치 못했던 순간을 더 많이 선물 받았다. 차 고장으로 시간 낭비하는 게 싫다면 이 역시도 돈을 더 쓰면 된다. 몽골에는 우리의 생각보다 다양한 SUV가 존재한다. 스타렉스 혹은 지프차를 빌릴 수도 있고 랜드로버 차를 빌릴 수도 있다. 대신 타이어가 터지고 부품이 깨지는 건 어쩔 수 없는 변수니 그대로 받아들이도록 하자.

4. 나는 평소 음식 투정이 심한 편이다.

몽골에 7번이나 간 내가 양고기를 못 먹는다고 하면 사람들이 놀란다.

"그런데 도대체 어떻게 몽골에 가요?"

몽골 서쪽 끝 타왕복드 가는 길에 있는 오지 마을에 가도 마트에는 우리나라 김치가 있는 것은 물론 초코파이도 사 먹을 수 있다. 한국에 없는 다양한 초코파이 종류를 만나보는 재미도 쏠쏠하다. 나는 평소에 라면을 즐겨먹지 않아 유통기한이 지나 버린 경험이 더러 있다. 이런 내가 1년 중 라면을 제일 많이 먹는 시기는 몽골에 있을 때이다. 물론 한국에서 미리 사 간 볶음 고추장(이건 몽골 이마트에도 잘 안 보이니 미리 사 가자)은 소울 메이트이다. 호쇼르나 양고기에 뿌려 먹으면 웬만하면 다 먹을 수 있다.

5. 나는 하루에 최소 7시간 이상 달리는 차를 탈 수 없다.

홉스골을 방문할 때 무릉까지 비행기를 타거나 울란바토르에서 기차를 이용할 수 있다. 고비사막을 여행할 때 달란자드가드까지 비행기를 타는 것도 가능하다.

6. 나는 화장실이 아주 중요하다.

몽골의 대도시에는 예상보다 고급스러운 호텔이 많다. 고비사막과 홉스골 여행자 캠프에서도 비교적 깨끗한 화장실을 이용할 수 있는 곳이 늘어나고 있다. 원하는 숙소 환경을 미리 가이드에게 요청하는 것도 방법이다.

7. 나는 전기와 와이파이가 없으면 안 된다.

차량에 따라 기사님의 재량으로 태양열 USB 포트를 좌석에 만들어놓은 푸르공이 매우 많다. 그리고 정말 급할 때는 가이드에게 부탁해 운전석에 있는 USB 포트를 이용해 충전할 수 있다. 와이파이 역시 이동 중 마을이 보이면 웬만한 곳에서는 다 터지는 것 같다. 라떼는 정말 상상도 할 수 없는 일이었는데, 요즘은 타왕복드 정상에서도 LTE가 빵빵하게 터진다.

8. 나는 냄새에 민감한 편이다.

게르 숙소의 위생이 걱정된다면, 개인 텐트를 준비하는 것도 방법이다. 최근에는 여행자들 사이에서 개인 텐트를 가져와 자유롭게 캠핑하는 것이 인기다. 박지(캠핑 장소)를 직접 정할 수 있고, 광해 없는 곳에서 은하수를 감상하는 경험은 덤이다.

9. 나는 벌레를 싫어한다.

몽골에 벌레가 많다는 편견이 있는데, 실제로 내가 겪은 몽골은 그렇게 벌레가 많은 곳은 아니었다. 벌레보다 양이나 염소가 많으면 모를까? 아! 물가에는 모기나 날벌레가 많을 수 있으니, 벌레가 싫다면 그곳들은 피하는 걸 추천한다.

10. 나는 준비물이 많은 여행을 싫어한다.

나 역시 여행 준비물을 많이 챙기는 것을 극도로 싫어한다. 몽골 이마트에서는 한국에서 챙겨 가는 대부분의 물품을 구할 수 있다. 따라서 최소한의 짐만 챙겨 가고, 필요한 물품은 현지에서 구매하는 것도 좋은 방법이다.

✦ 몽골 여행 준비물 챙기기 꿀팁

꼭 필요한 물품

개인 세면도구: 몽골 게르에는 플라스틱과 나무로 만든 간이 세면대가 마련되어 있어, 직접 물을 부어 간단하게 세수할 수 있다. 하지만 샤워를 기대하기는 어렵다.

의약품 : 동행들과 의논 후 각자 감기약/지사제/변비약 나눠서 준비하는 것이 효율적이다.

자외선차단제 : 몽골의 태양은 예상보다 강력하다. 기미랑 친구 하기 싫으면 필수적으로 챙기자.

스카프/마스크 : 푸르공을 이용할 경우, 에어컨이 없기 때문에 창문을 열고 이동하는 경우가 많다. 이때 모래 먼지로 뒤덮이지 않으려면 마스크는 필수다. 특히, 가습 기능이 있는 마스크는 건조한 몽골 기후에서 빛을 발한다.

물티슈/샤워 티슈 : 씻지 못하는 날이 발생할 수 있으므로, 이 두 가지는 몽골 여행에서 영혼의 단짝이 될 것이다.

보습물품 : 바셀린, 인공눈물, 수분크림은 필수. 몽골의 건조한 기후는 예상보

다 혹독하다. 콧속에도 바셀린을 발라야 할 정도이니, 보습은 신경 써야 한다.

챙 넓은 모자 : 승마 시 모자가 날아가면 사고로 이어질 수 있으며, 고비사막에서는 강한 바람 때문에 날려가기도 한다. 끈이 달린 모자로 준비하는 것이 안전하다.

옷 : 버릴 옷 말고 사진에 잘 나올 화사한 예쁜 옷. 생각만큼 많이 더러워지지 않는다. 밤에 별을 볼 계획이라면 고비에선 괜찮지만, 홉스골에선 패딩이 필수다. 후회하는 사람 여럿 봤다. 하다못해 후리스라도 챙기자. 여성이라면 원피스 위에 긴 바지를 입고 이동한 후, 사진 찍을 때 바지만 살짝 걷는 센스를 발휘하는 것도 추천한다.

수건 : 개인 수건과 옷걸이를 챙겨 게르에 걸어놓으면 사용하기 편리하다.

슬리퍼/샌들 : 게르 안에서는 신발을 벗고 생활하기 때문에 신고 벗기 쉬운 신발이 필수다.

운동화 : 차를 타고 거의 이동하지만 트레킹을 하거나 예상보다 많이 걸을 수도 있으니, 발목을 잘 잡아주는 편안한 운동화를 챙기자.

보조 배터리 : 몽골의 전기 사정은 열악하다. 고비 지역에서는 하루 이상 전기가 들어오지 않는 경우도 많으므로, 20,000mAh 이하의 대용량 보조 배터리는 필수다.

선글라스 : 자외선 차단뿐만 아니라, 고비사막에서는 모래바람으로부터 눈을 보호하는 데 필요하다.

목베개 : 하루 7시간 이상 차를 타야 하므로, 목베개 없이는 목디스크와 함께 귀국할 수도 있다.

침낭 혹은 라이너 : 여행사에서 준비해 주기도 하지만, 쾌적한 잠자리를 위해서는 꼭 챙겨 가는 걸 추천한다. 게르 침대는 깔끔하지 못한 편이 많

그렇에도 몽골

고 난롯불이 꺼진 몽골의 새벽 추위는 생각보다 혹독하다.

손전등/조명 : 밤에 화장실을 갈 때 칠흑 같은 어둠을 뚫고 가야 한다. 또한, 별 사진을 찍을 때 랜턴을 활용하면 멋진 장면을 연출할 수 있다. 헤드랜턴이 있으면 더욱 편리하다.

멀티탭 : 전기가 열악한 환경 탓에 전기가 되는 곳은 일행 모두에게 인기 스팟이 된다. 보통 게르에는 전기 콘센트가 1~2구인 곳이 많으니 한 번에 많은 인원이 충전하기 위해선 멀티탭을 준비하자.

자물쇠 : 게르 입구 문은 자물쇠로 잠그는 경우가 많은데, 가끔 자물쇠가 없거나 고장 나 있는 경우가 있다. 여행자 캠프에서 도난 사고도 종종 발생하므로, 개인 자물쇠를 챙기는 것이 좋다.

양념/반찬 : 몽골인들의 주식인 양고기 비계의 기름에선 적응하기 힘든 냄새가 주로 나는데, 그 냄새를 숨기기 위해 볶음 고추장이나 불닭 소스를 챙겨오면 식사하는 데 도움이 된다.

있으면 좋고 없어도 괜찮은 것

우비 : 예전에는 몽골에 비가 오면 좋은 손님이 온다고 할 만큼 비가 잘 안 왔었지만, 기후 이상으로 인해 현재는 생각보다 꽤 자주 만날 수 있다. 우산보다는 우비 하나 정도 챙기는 걸 추천한다.

우산 : 초원에서 화장실 갈 때 사용한다고 하는데, 바위를 활용하는 것이 더 편할 수도 있다. 우산 잡고 있기 생각보다 번거롭다.

블루투스스피커 : 게르에서 분위기를 내거나, 차량 이동 중 음악을 들을 때 유용하다. 다만, 하루 7시간씩 운전하는 기사님 취향을 존중하는 것도 나쁘지 않다. 우연히 들었던 몽골 노래가 여행 후 갑자기 그리워지

는 순간이 올 수도 있다. 우연히 그 음악을 들으면 몽골 뽕이 벅차오르는 기분도 나쁘지 않다.

핫팩 : 7~8월에는 크게 필요 없지만, 홉스골을 방문하거나 추위를 많이 탄다면 준비하는 것이 좋다. 대부분의 게르에는 화목 난로가 있다.

캠핑용 테이블과 의자 : 여행사에서 제공하는 의자가 간이 의자인 경우가 많아, 접이식 캠핑 의자를 챙기면 별을 보거나 이동 중 초원에서 식사할 때 더욱 편리하다.

드립백 혹은 차 : 몽골에서도 차는 쉽게 구할 수 있지만, 드립백 커피는 찾기 어렵다. 광활한 초원에서 커피 한 잔을 즐기는 여유는 생각만 해도 근사하지 않은가?

고산병약 : 울란바토르의 평균 고도는 약 1,350m이며, 가장 높은 곳은 2,261m에 달한다. 서몽골의 타왕복드는 4,000m가 넘는다. 고산병은 미리 경험해보지 않으면 자신이 영향을 받을지 알 수 없으므로, 걱정된다면 미리 병원에서 처방받아 준비하자.

몽골 투어는 매일 짐을 싸고 푸는 일정이 반복된다. 불필요한 짐은 오히려 여행의 부담이 될 수 있다. 고민되는 물건은 과감하게 두고 가자. 필요한 물품은 몽골에서도 충분히 구할 수 있다.

✦ 푸르공과 스타렉스의 장단점

몽골 여행은 하루 최소 이동 거리가 5시간 이상, 최대는 10시간 이상을 이동하기 때문에 차량은 필수이다. 보통 차량은 푸르공과 스타렉스 중 선택하게 되어있는데, 두 차량의 장단점을 정리해 본다.

푸르공

러시아 UAZ 브랜드에서 제작한 군용 수송차량으로, 몽골에서는 '아빠의 품'이라는 뜻의 '푸르공'으로 불린다. 좌석 배열은 운전석을 바라보는 정면형과 서로 마주 보는 형태 두 가지가 있으며, 마주 보는 좌석에서는 멀미가 발생할 수 있다.

장점

- 오프로드 주행 능력이 뛰어나 웬만한 지형은 문제없이 이동 가능
- 감성 넘치는 레트로한 외관(인생샷 가능)
- 수리가 용이하여 어디서든 빠르게 고칠 수 있음

- 겨울철에는 엔진 열 덕분에 차량 내부가 따뜻함

단점

- 에어컨이 없어 여름철에는 차 안이 찜통이 될 가능성이 높음

- 비포장도로의 진동이 심해 승차감이 좋지 않음

- 기름 냄새와 매연이 차 안으로 유입될 수 있음

스타렉스

우리에게 익숙한 스타렉스 차량으로, 푸르공에 비해 비교적 승차감이 좋고 쾌적한 이동이 가능하다.

장점

- 에어컨이 있어 더운 날에도 창문을 열 필요 없음(모래 먼지 방지)

- 승차감이 푸르공보다 훨씬 부드러움

- 소음이 적어 차량 내부 공기가 쾌적함

단점

- 오프로드에 취약하여 거친 길을 달리기 어려움
- 푸르공처럼 감성적인 사진이 나오지 않음
- 비포장도로에서는 속도를 내기 어려움

어떤 차량을 선택할까?

감성적인 여행을 원한다면 푸르공

편안한 이동을 원한다면 스타렉스

결론적으로, 여행의 스타일에 따라 차량을 선택하면 된다. 장시간 이동해야 하는 몽골 여행에서 차량 선택은 매우 중요한 요소이므로, 우선순위를 잘 고려해 결정하는 것이 좋다.

✦ 보름에 몽골을 가면 안 되는 이유

몽골의 밤하늘은 늘 별이 가득할 것 같지만, 현실은 그렇지 않다. 몽골 여행의 주목적이 '은하수 아래서 쏟아지는 별을 보는 것'이라 하시는 분은 이 페이지에 집중해 주시기 바란다.

여행을 계획할 때 가장 먼저 해야 할 일은 월력표에서 달의 위상을 확인하는 것이다. 보름에 몽골을 방문하면 은하수가 아예 안 보이는 것은 아니지만, 달빛이 너무 밝아 육안으로 감상하기가 어려울 수 있다. 사진 속 밝게 빛나는 둥근 해처럼 보이는 것이 있다. 그것은 태양이 아니라 보름달이다. 휘영청 밝게 빛나는 둥근 보름달. 보름에 몽골을 가면 안 되는 이유는 단순히 별이 안 보이기 때문만이 아니다. 달빛이 너무 밝아 예상치 못한 불편함을 초래할 수도 있다.

어느 게르 캠프에서 일이었다. 보름달이 어둠을 가득 밝히던 어느 밤, "나 말 보러 다녀올게~"(몽골 유목민들은 화장실 간다는 표현을 말 보러 간다고 한다) 일행들에게 말하곤 게르 문을 열고 나갔다. 낮에 도착했을 때 본 간이 화장실은 이미 파리 떼가 점령한 상태였다. 그때 나는 생각했다.

'아, 몽골에서는 옷이라는 거추장스러움으로 평생을 옥죄이며 억압당하고 있던 나의 엉덩이에게 자유를 선물해 줄 거야.'

그렇게 성큼성큼 걸어도 걸어도, 아무리 걸어도 게르는 환하게 빛나고 시간이 지나면 지날수록 내 시야까지 어둠에 적응해 버려 꼭 가로등 불빛 아래 있는 것마냥 밝고 환해 이게 진정 맞는 건지, 이렇게까지 밝을 수 있는 건지 새삼 의심스럽기까지 했다. 그날 밤 너무 환한 달빛을 이기지 못하고, 결국 왕벌의 비행이 펼쳐지고, 냄새까지 고약했던 나무로 된 허약한 화장실에 내 엉덩이를 내어줄 수밖에 없었다.

그 경험을 토대로 몽골에 갈 때 가장 먼저 월력표를 확인한다. 팁을 하나 주자면, 예를 들어 월삭이 7월 20일이라면, 7월 20일에 출발하는 것이 아니라 7월 17일이나 18일쯤 울란바토르에 도착하는 것이 좋다. 주요 여행 스팟까지 가는 데 보통 2~3일이 걸리기 때문이다. 그래야 가장 완벽한 장소에서 인생 최고의 은하수와 별똥별 쇼를 감상할 수 있다.

※ 월삭 검색하는 방법: 1) 문캘린더 어플 사용 2) 달의 위상 홈페이지 참고

✦ 몽골 화장실에서 생긴 일

몽골 여행을 하면 누구나 화장실과 관련된 강렬한 기억 하나쯤은 남게 된다 나 역시 예외는 아니었다.

몽골에 방문하기 전 몽골은 국토의 70% 이상이 사막화가 진행되어 비가 거의 오지 않는다고 알고 있었다. 그래서인지 몽골 사람들은 '비가 내리면 좋은 손님을 데려다준다'고 생각할 정도로 좋은 징후로 생각하는데, 도착한 첫날부터 우리를 환영하는 의미인 건지 아니면 앞으로 다가올 불운에 대한 서막이었는지 천둥 번개를 동반한 비가 저녁부터 내리쏟아지고 있었다.

게르에서의 첫날밤이 낯설면서도 끊임없이 쏟아지는 비와 어둠이 공포심을 자아냈는데, 더 무서운 건 이 와중에도 처음 보는 음식을 경계심 없이 마구잡이로 집어넣은 탓에 내 배는 이미 전쟁을 치르고 있었다는 것이다. 새벽 3~4시경, 쏟아지는 비를 뚫고 혼자 화장실 갈 용기가 없어 1시간을 더 홀로 어둠 속에서 사투를 벌이다 '도저히 안 되겠다'는 생각에 게르 문을 벌컥 열고 뛰쳐나갔다. 어둠이 장악한 화장실로 들어가 거사를 치르고 게르로 돌아갈 일만 남았는데, 갑자기 예상치 못한 일이 벌어졌다. 문이 갑자기 벌컥 열린 것이다. 몽골 화장실은 잠금장치가 없는 곳이 허다한데, 너무 급한 나머지 문고리를 잡고 있을 여유조차 없었던 게 화근이었을까. 검은 우비를 뒤집어쓴 몽골 아저씨와 무방비 상태로 눈이 마주쳤다.

사람이 너무 놀라니 악! 소리도 안 나왔다. 그냥 그 자리에 돌처럼 굳어 정신력이 탈탈 털려버렸다. 하지만 이내 정신을 가다듬고 생각했다. '어차피 다시 볼 사람도 아닌데…' 하고 쿨하게 게르로 돌아와 아침이 밝자마자 아미에게 새벽에 있었던 화장실 사건을 조잘조잘 일러바쳤다 "누나~ 화장실 갈 때는 당연히 음악을 틀고 갔어야지" 하는 대답이 돌아왔다. "너에게 당연한 게 나에게는 당연하지 않은 일이야! 아미" 하며 맞받아치고 싶었지만, 앞으론 비가 내려도 화장실 말고 초원이나 바위 뒤를 찾아가기로 스스로와 합의했다. 휴대폰을 가지고 그 어마무시한 화장실에 들어갔다가 내 휴대폰을 똥통에 기증하고 싶진 않으니까 말이다.

두 번째 사건은 울란바토르로 돌아가는 길에 벌어졌다. 양고기를 거의 먹지 못해 제대로 된 식사를 하지 못했던 나는 휴게소에서 발견한 제육볶음을 순식간에 해치웠다. 거의 눈이 뒤집힌 채로 밥 두 공기를 마셔버렸을 때 사건은 터졌다. 울란바토르는 몽골 인구의 70% 이상이 모여 사는 만큼 차량 이동이 정말 많은데, 하필이면 차가 막히는 시간과 내 배탈 순간이 맞물려 버린 것이었다. 평소 같으면 정신을 부여잡고 주유소를 찾았을 텐데, 지금 여기서 차를 세우지 않으면 푸르공 안에 있는 사람들과 다시는 얼굴을 마주할 수 없는 불상사가 생길 것 같아 "아미! 멈춰!" 외치며 차를 세웠다.

여행 중 나는 보통 언덕 위 혹은 큰 돌 뒤에서 말을 보곤 했는데, 차

를 세운 곳에 다행히 언덕이 있어 우리 일행이 탄 차가 보이지 않는 곳까지 전속력을 다해 냅다 뛰어갔다. 그리고는 엉덩이를 도로로 보일지 얼굴을 도로로 보일지 고민을 하다 여행 중 차를 타고 가다 보았던 수많은 몽골 사람들이 엉덩이를 도로 쪽으로 하던 광경이 생각났다. 이곳이 아무리 몽골이라지만 나는 한국인이지 않은가. 배탈이 나 사리 분별이 힘들 만큼 식은땀을 흘리는 와중에도 인간의 존엄성까지 포기할 수 없기에 엉덩이는 도로 쪽으로 하고 얼굴은 닭이 된 것처럼 고개를 파묻고 열심히 말을 보았다. 드디어 내 속의 전쟁이 끝나고 평화를 찾은 채 행복한 마무리의 의미를 담은 미소를 띠며 고개를 드는 순간 내 앞으로 오토바이를 탄 몽골인이 슈웅- 하고 지나가는 게 아닌가.

그렇다. 내가 도로로 생각하고 엉덩이를 보인 곳은 큰 도로였고, 내가 올라간 언덕은 아무것도 없는 황무지가 아니라 하필 마을을 끼고 있는 곳이었다. '차라리 엉덩이 방향을 반대로 했으면 덜 창피했을까?' 홍당무처럼 시뻘게진 얼굴은 당황스러운 나의 심정을 감출 줄을 몰랐다. 그래도 한편으론 '오토바이를 타고 지나갔으니 내 얼굴은 못 봤을 거야' 하고 생각하다가 '또 보면 어때? 다시는 못 볼 사람인데' 하고 정신승리를 하며, 기분 좋게 집으로 가다 봉변을 당해버린 몽골 아저씨에게 미안한 마음을 안고 언덕을 내려가 푸르공에 올라탔다. 이렇듯 몽골에서는 야외 화장실을 사용해야 하거나 장시간 차를 타야 하는 상황이 많아 예상치 못한 해프닝이 벌어지곤 한다. 한국에서는 전혀 상상도 할 수 없는 일을 몽골에서 몇 번 경험하고 나니, 이제 웬만한 일에는 부끄러울 게 없어졌다.

Chapter **2**

인생의 고비를 맛보고 싶다면,
고비사막

✦ 동양의 그랜드캐니언, 차강소브라가

　몽골 여행 둘째 날, 전날 밤까지 요란하게 몰아치던 천둥과 번개가 거짓말처럼 사라졌다. 오늘의 목적지는 '차강소브라가'. 흔히 '동양의 그랜드캐니언'이라고 불리는 곳이다. 이곳에 발을 딛어 보면 내가 아는 언어로는 다 표현 못 할 정도로 벅찬 감동이 파도처럼 밀려온다. 초원 위를 유유히 거니는 낙타 무리를 보며 사막이 가까워졌음을 실감했다. 하지만 한 가지 의문이 들었다. '사막에 초원이 있었던가?' 궁금해하는 내게 아미가 설명했다.

　"저기 풀 자란 곳 원래는 다 모래였어. 사막에 비가 많이 와서 저렇게 풀이 자란 거야."

　푸른 풍경이 아름답긴 했지만, 기후 변화의 결과라는 사실에 마냥 기뻐할 수도 없는 노릇이었다. 그래도 아름다운 풍경을 감상하며 잠시 휴식을 취하기로 했다. 쉼 없이 달려온 스타렉스에도 잠깐의 여유가 필요했다. 차에서 내리자마자 곧장 낙타에게로 다가갔다. 가까워 보이던 낙타는 생각보다 꽤 먼 거리에 있었다. 몽골의 광활한 초원에서는 실제보

다 거리가 가깝게 느껴지는데, 몇 걸음이면 닿을 줄 알았던 곳이 10분 이상 걸어가야 할 거리였다. 게다가 겁이 많은 낙타는 내가 한 걸음 다가가면 두 걸음 멀어지고, 세 걸음 다가가면 열 걸음 멀리 달아나 버려 야생 낙타와 사진을 찍기란 하늘의 별 따기였다.

　다시 4시간을 달려 도착한 차강소브라가. 오래전 이곳이 바다였다고 하니, 자연의 신비로움 앞에서 절로 숙연해졌다. 공룡알이 가장 많이 발굴된 곳이라고도 하는데, 실제로 공룡 한 마리를 풀어 놓아도 전혀 어색하지 않을 풍경이었다. 이 웅장한 광경을 눈앞에서 마주하니 현실 감이 사라질 정도였다. 한참을 감탄하며 사진을 찍고 있자, 아미가 내 손을 잡아끌었다.

　"누나! 여기 아래도 내려갈 수 있어!"

　'아래는 또 얼마나 멋질 거야' 하며 경사진 길을 따라 차근차근 내려가 보았다. 나는 그저 신이 나 그 순간을 만끽하고 있는데, 누군가는 지옥 길을 경험하고 있었다. 바로 남편이었다. 평소 고소공포증을 심하게 앓는 남편은 아미의 손에 이끌려 질질 끌려오면서도 "안 갈 거야! 안 갈 거야!"를 연신 외쳤지만, 막상 도착하고 보니 "어?! 생각보다 할 만 하네?" 하며 점프 샷까지 야무지게 남겼다. 대자연 앞에서 불가능은 없다는 것을 다시 한 번 깨닫는 순간이었다. 일몰까지 감상하고 싶었지만, 너무 어두워지면 위험할 수 있다는 아미의 말에 아쉬움을 남긴 채 발길을 돌렸다.

✦ 밀키야, 나에게 밀키웨이를 선물해 주겠니?

차강소브라가를 떠나 오늘의 잘 곳을 찾아 열심히 헤매는 중이었다. 근처는 이미 발 빠른 다른 여행사들이 선점하였고, 우리는 약 30분 떨어진 곳에서야 머물 곳을 찾을 수 있었다. 예약된 숙소가 있을 줄 알았기에, 황야 속 게르를 일일이 찾아다니며 숙박 가능 여부를 확인하는 과정은 최첨단 시대에서는 쉽게 경험할 수 없는 일이었다. 휴대전화가 터지지 않아서인지, 혹은 몽골 특유의 유동적인 여행 환경 때문인지 알 수 없었지만, 이런 변수가 오히려 여행을 더욱 특별하게 만들었다.

해가 길게 남아 있는 몽골의 저녁, 노을빛 아래 염소 떼가 평화롭게 풀을 뜯고 있었다. 그제야 비로소 '아, 내가 진짜 몽골에 있구나' 하는 실감이 들었다. 이 염소들은 어디서 왔을까 궁금했는데, 다름 아닌 게르 주인이 기르는 녀석들이었다. 양 떼도 함께 있었지만, 녀석들은 낙타처럼 겁이 많아 가까이 다가올 엄두를 내지 못했다.

게르가 만들어준 그늘에 앉아 바람을 솔솔 맞으며 염소들이 풀 뜯는 소리에만 집중하니, 온갖 잡생각이 사라지는 듯했다. 하지만 명색이 사진작가인 내가 멍하니 있기만 할 순 없었다. 서둘러 카메라를 챙겨와 염소들 사이에 아미를 세우고 셔터를 눌렀다. 화면 속 아미는 마치 염소 주인처럼 자연스러웠다. 이 그림 같은 순간을 혼자만 즐기기엔 아쉬워, 게르에서 쉬고 있던 일행들을 하나둘 불러왔다. 오랜 이동에 지친 남편을 제외하고 모두가 염소들과 인생샷을 남기며 즐거운 시간을 보냈다. 아미는 염소를 더 가까이 보여주겠다며 녀석의 뿔을 잡고 씨름을 벌였지만, 염소에게 괜한 민폐가 아닐까 싶어 말렸다.

"아미! 염소 안 잡아도 돼. 나는 그냥 이 순간을 담는 게 더 좋아."

염소들 틈에 자연스레 녹아들어 사진을 찍는데, 풀에서 묘한 냄새가 올라왔다. '이게 무슨 냄새지?' 호기심에 코를 가까이 대보니 낮에 먹은 양고기에서 나던 냄새와 똑같았다. 그제야 '아, 염소와 양들이 이 풀을

먹어서 이런 향이 나는구나!' 하고 깨달았다.

그렇게 다시 겁 많은 염소들 틈을 비집고 사진을 찍고 있으니 어느 순간 우리에게 적응한 걸까? 한 마리 한 마리씩 곁을 내어주기 시작했다. 염소들도 우리가 신기한지 눈을 떼지 못하였고, 코 앞까지 다가오는 아이들도 있었다. 바로 앞에서 여유롭게 영역 표시를 하는 아이와 눈싸움을 하자는 건지 뚫어져라 쳐다보는 염소도 있었는데, 그중 한 녀석에게는 '밀키'라는 이름을 주었다. '오늘 밤 우리가 은하수를 볼 수 있게 해달라'는 소원을 담아, 밀키웨이에서 따온 이름이었다. 초심자의 행운이었는지, 나는 이날의 경험으로 모든 염소가 친근하다고 착각했다. 하지만 이후로 유목민 없이 우리에게 다가온 염소는 거의 만나지 못했다. 그래서인지 밀키의 사진은 내가 몽골에서 찍은 사진 중 가장 애정하는 작품이 되었다. 이날 나는 염소 사진만 400장이 넘게 찍었다.

"우리 와이프는 몽골에서 염소 사진 400장 이나 찍는 동안 제 사진은 한 장도 안 찍어줬어요."

이후로 몽골 여행 이야기를 할 때 빠지지 않는 남편의 단골 멘트다. 그날 이후로 여행을 가면 남편 사진도 꼭 한 장씩은 남겨주고 있다.

✦ 독수리의 입,
여름에도 녹지 않는 얼음이 있는 욜링암

    고비사막으로 향하는 길목에 자리한 유명한 협곡, 욜링암. 몽골어로 '독수리 부리'를 뜻하는 이곳은 협곡 입구의 형태가 독수리 부리를 닮아 그렇게 불린다. 독특한 협곡의 형상과 웅장한 풍경도 매력적이지만, 이곳을 더욱 특별하게 만드는 건 바로 1년 내내 녹지 않는 얼음이다. 하지만 최근 몇 년간 기후 변화로 인해 한여름에는 얼음을 보기 어려워지고 있다. 욜링암을 탐방하는 방법은 두 가지다. 하나는 걸어서, 또 하나는 말을 타고 이동하는 것. 체력이 부실한 우리 팀은 고민할 것도 없이 승마를 선택했다. 하지만 아쉽게도 먼저 온 여행객들을 태우고 있느라 말이 준비되려면 30분을 기다려야 했다.

"그동안 뭐 할까, 아미?"

아미는 협곡 입구에 있는 언덕을 가리키며 말했다.

"저기 한번 올라가 볼까?!"

"얼마나 걸릴까?"

"몰라~ 나도 처음 올라가 봐!"

　자신 있게 말하는 모습에 살짝 당황스러웠지만, 믿고 올라가 보기로 했다. '언제 또 우리가 몽골에 와서 저곳에 올라가 볼까?' '아마 저 언덕에 올라간 최초의 한국인이 아닐까?' 하는 마음으로 올라가 보기로 했다. 멀리서 볼 때 완만한 언덕처럼 보였지만, 막상 올라가 보니 생각보다 가팔랐다. 숨을 헐떡이며 오르는 우리와 달리, 아미는 날다람쥐처럼 가뿐하게 뛰어올랐다. 10분쯤 지나니 눈앞에 광활한 초원이 펼쳐졌다. 불과 이 정도 높이인데도 욜링암 협곡이 발아래 내려다보일 정도였다. 감탄하며 사진을 찍고 있는데, 갑자기 아미가 휘파람을 불었다.

　"뭐 하는 거야?"

　"어릴 때 우리 할아버지가 이렇게 소리를 내면 독수리가 찾아오곤 했어."

　독수리가 나타나길 기대하며 하늘을 올려다봤지만, 아쉽게도 아무

소식이 없었다. 대신 우리는 돌탑을 쌓으며 '오늘 밤 은하수를 볼 수 있게 해주세요'라고 소원을 빌었다. 그러던 중, 시력 3.0의 몽골 사람답게 아미가 외쳤다.

"저기, 우리가 탈 말들이 돌아온다! 어서 내려가자!"

혹시나 뒤에 온 팀이 우리 말을 먼저 채갈까 싶어, 돌산을 우사인 볼트처럼 뛰어 내려갔다. 그러나 아쉽게도 먼저 온 다른 팀의 말들이었다. 할 일이 없어 새로운 놀이를 찾았다. 그렇게 탄생한 게임, '말똥에 돌 맞추기'. 한국이었다면 모두 질색했을 법한 말똥이지만, 여기는 몽골이 아닌가. 사방에 널린 게 말똥뿐이었다. 그래서 우리 일행은 일렬로 나란히 앉아 각자 돌멩이를 주워 누가 누가 말똥에 돌을 잘 맞추는지 겨루기 시작했다. 이렇게 몽골은 사람을 원초적으로 변화시키기도 한다. 세상 행복한 표정으로 말똥에 돌을 던지며 놀고 있다 보니 어느덧 우리 차례가 왔다.

처음 테를지에서 가볍게 승마할 때와는 또 다른 느낌이었다. 협곡 아래에서 말을 타고 이동하는 일행들의 모습은 마치 절대 반지를 찾으러 가는 '반지의 제왕 원정대' 같았다. 욜링암의 말들은 테를지의 온순한 말들과 달리, 하루 종일 사람을 태우고 이동하는 걸 반복해서인지 타는 것조차 미안할 정도로 지쳐 보이는 표정이 역력했다. 다행히 남편은 말에게 한 기선 제압이 통했는지 원하는 대로 컨트롤이 가능했지만, 내가 탄 말은 가다 서기를 반복하며 풀을 뜯어 먹기 바쁜 천방지축이었다. 결국 포기하고, 여덟아홉 살쯤 되어 보이는 몽골 어린이 마부에게 나를 맡겼다. 그때 갑자기 민채의 말이 언덕 위로 질주하기 시작했다. 순간

가슴이 철렁했지만, 그 순간 아미가 영화 속 한 장면에 나오는 주인공처럼 초원을 가로지르며 민채를 구하기 위해 말을 타고 질주했다. 바람을 가르며 말을 모는 모습은 마치 영화 속 한 장면 같았다. 평소엔 장난기 넘치는 동생 같았던 아미가 그 순간만큼은 든든한 몽골 기수처럼 보였다. 다행히 빠른 대처 덕분에 민채는 사고 없이 무사히 트레킹을 마칠 수 있었다.

협곡 입구에 도착하니 몽골 마부들과 융화된 남편이 이미 한참 전에 여유롭게 도착해 있었다.

"여기서부터는 말에서 내려 걸어가야 해."

초원을 지나 험난해진 돌길을 걷다 보니 어느샌가 발아래로 물이 흐르고 있었다. 내 마부였던 아이는 놀이터에 온 것처럼 신이 나서 빠르게 사라졌고, 우리는 그의 발자취를 따라 좁은 돌을 타고 얼음이 있는 곳으로 향했다. 이곳은 1년 내내 해가 들어오지 않아 겨울부터 꽁꽁 언 얼음이 여름까지 녹지 않는다고 한다. 그래서일까, 말을 타고 20분쯤 들어왔을 뿐인데 외투가 절실해졌다.

✦ 몽골 기념품은 꼭 욜링암에서 사세요

얼음 협곡으로 향하는 길에 현지인들이 기념품을 팔고 있었다. 소품이라면 사족을 못 쓰는 맥시멀리스트인 나는 '그냥 지나칠 수 없지' 하며 신나게 다가갔다. 그런데 조금 전 내 말을 끌어주던 아이가 이곳에서 물건을 팔고 있는 것이 아닌가. 몽골의 낮은 임금에 대해 듣긴 했지만, 어린아이가 투잡을 뛰고 있는 모습을 보니 새삼 현실이 와닿았다. 욜링암 입구에서 본 것과는 다른 기념품이 눈에 띄었다. 돌멩이와 나무 조각으로 만든 소품들, 정성이 가득 담긴 수작품이었다. 하지만 집에 어울릴 만한 것이 없어 아쉬운 마음을 안고 발길을 돌렸다.

지구온난화로 인해 얼음이 녹았다고는 했지만, 혹시나 조금이라도 남아 있을까 기대하며 협곡으로 향했다. 하지만 예상대로 얼음은 온데간데없었다. 불과 몇 년 사이에 사라진 모습을 보니 마음이 무거웠다. '몇십 년 뒤, 이곳은 또 얼마나 변해 있을까?' 문득 걱정이 스쳤고, 몽골의 자연이 오래도록 변하지 않길 바라는 마음이 간절해졌다.

아쉬움을 안고 말을 타고 입구로 돌아가려는 순간, 조금 전까지 화창

했던 하늘이 순식간에 먹구름으로 덮였다. 녹아버린 얼음과 흐린 날씨에 아쉬움이 밀려오던 찰나, 마치 그 마음을 달래주려는 듯 무지개가 머리 위에 떠올랐다. 한국에서와는 비교할 수 없을 정도로 선명하고 아름다운, 내 생에 만난 가장 큰 무지개였다. '몽골에 가면 무지개를 볼 수 있을까?' 막연히 생각했던 적이 있었는데, 예상치 못한 순간에 마주하니, 마치 몽골이 "얼음 협곡을 보지 못해 아쉽지? 내가 위로해줄게"라고 말하며 선물을 주는 느낌이었다. 이제 겨우 여행 3일 차인데 낙뢰, 은하수, 무지개까지 몽골이 보여줄 수 있는 자연의 퍼레이드를 모두 경험한 듯했다. '몽골과 사랑에 빠질 준비 됐어? 내가 보여줄 수 있는 건 다 보여줄게.' 이렇게 속삭이듯 펼쳐지는 풍경 앞에서 빠져들지 않을 도리가 없었다.

입구에 도착해 다시 기념품 가게를 둘러보았다. 이때는 몰랐다. 욜링암에서 파는 낙타 인형이 모두 핸드메이드로 제작되어 울란바토르 국영백화점이나 다른 관광지에서 파는 것과 비교할 수 없을 만큼 귀엽고 유니크하다는 것을. 그 사실을 미리 알았더라면 인형을 한 아름 사 왔을 텐데, 여행 일정이 많이 남아 짐을 늘리고 싶지 않아 '다른 곳에서 사면 되겠지' 하고 지나친 것이 두고두고 아쉬움으로 남았다.

몇 년 뒤, 여섯 번째 몽골 여행에서 다시 욜링암을 찾았다. 이번에는 동행들에게 "욜링암 기념품이 제일 예쁘니까, 가격이 조금 비싸도 망설이지 말고 사라!" 하고 적극 추천하며 가게를 살살이 둘러보았다. 그러다 '게르를 얹은 낙타 인형'을 발견했다.

어느 날, 알고리즘이 추천해 준 몽골 다큐멘터리에서 초원을 따라 게

르를 옮기는 장면을 본 적이 있었다. 몽골 유목민들은 이사할 때 낙타나 야크의 등에 게르 부품을 싣고 이동한다. 그 모습이 인상적이어서 언젠가 내 카메라로 담아보고 싶다는 작은 로망이 생겼다. 그런데 그 장면을 그대로 담은 인형이라니, 그냥 지나칠 수 없었다. 그 모습을 본 아미는 "아니, 누나 아직도 인형을 산다고?" 하며 이해할 수 없다는 표정을 지었지만, 나는 아미의 시선을 뒤로한 채 동호(아미와 함께 일하는 가이드)에게 배운 "떠셔!(깎아줘!)"를 외치며 능숙하게 가격 흥정을 시도했다. 어느새 나 혼자서도 흥정하는 여유를 가지게 되었다.

✦ 진흙탕에 빠진 차를 외면하지 않는 사람들

사막을 초원으로 바꿀 만큼 거센 비가 쏟아졌다. 전날 내린 폭우로 도로는 진흙탕이 되었고, 길을 지나던 차들은 하나둘 바퀴가 빠져 움직이지 못하고 있었다. 그때, 우리 차가 멈춰 섰다. '설마 우리도?' 순간 당황했지만, 다행히 우리의 차는 무사했다. 그러나 우리 운전기사 사흐가는 한 치의 망설임도 없이 차에서 내려 진흙에 빠진 차량을 향해 걸어갔다. 주위를 둘러보니 다른 여행사 기사들도 속속 차에서 내려 힘을 보태고 있었다. 푸르공(몽골의 대표적인 차량) 기사들은 로프로 차를 연결해 끌어내려 했고, 나머지 사람은 뒤에서 밀었다. 우리도 작은 힘이라도 보태고자 차에서 내려 함께 밀었지만, 바닥은 예상보다 더 깊은 진흙탕이었다. 결국, 돕던 차마저 진흙에 빠지고 말았다. 그때 또 다른 푸르공이 등장했다. 기사님은 익숙한 듯 로프를 연결하고 차를 견인했다. 덕분에 우리는 금세 진흙탕을 빠져나올 수 있었다.

몽골에서는 낯선 사람이 곤경에 처하면 그냥 지나치는 법이 없다. 거친 자연 속에서 살아온 사람들답게, 처음 보는 이에게도 친구처럼 손을 내민다. 그들의 따뜻한 연대감은 언제나 감동이다. 몽골 사람들은 바닥에 있는 바퀴 자국이나 산봉우리의 모양을 보고 길을 찾는데, 평소 같으면 그 자리에 몇 달이고 같은 모양으로 있어야 할 바퀴 자국이 비로인해 사라져 버리고 말았다. 폭우로 길마저 사라진 상황에서, 해는 빠르게 저물고 있었다. 곧 어둠 속에서 길을 잃을 위기였다. 그때, 델을 입고 오토바이에 앉아 담배를 피우고 있는 한 몽골인이 눈에 띄었다. 사흐가는 다가가 한참 이야기를 나누더니, 이내 차를 돌렸다. 곧 우리는 오토바이를 따라가기 시작했고, 덕분에 무사히 마을로 향할 수 있었다. 허허벌판에서 만난 오토바이 아저씨 덕분에 우리는 조난되지 않고 무

사히 길을 빠져나와 마을을 찾을 수 있었다.

"아는 사람이야?"

"아니, 처음 보는 사람이야. 몽골에선 원래 그래."

그들에게는 낯선 이를 돕는 일이 당연했다. 시간을 들여 길을 안내하고, 위험에서 구해주는 것이 특별한 일이 아니었다. 문득 생각해 보니, 과거 우리나라에서도 이러한 모습은 흔했다. 하지만 요즘은 서로를 경계하는 사회 분위기 탓에 쉽게 찾아보기 어려운 풍경이 되었다.

이후에도 길을 찾다 막히면 보이는 사람 아무나 붙잡고 길을 물어보는 일이 허다했는데, 그때마다 스스럼없이 자신의 시간을 내어 낯선 이방인에게 도움을 주는 몽골인들의 정이 오늘의 나를 또 몽골로 이끌어주고 있다.

✦ 비가 너무 많이 와서 길이 유실됐어요

몽골에서는 보기 드문 폭우가 쏟아져 고비사막으로 가는 길이 유실되었다. 출발 전, 아미는 "온천, 화산, 홉스골을 여행하는 것이 좋을 것 같아요"라고 조언했지만, 나는 "몽골까지 와서 온천은 가고 싶지 않아요. 반드시 고비에 가야 해요"라며 고집을 부렸다. 그러나 자연 앞에서 인간은 무력했다. 아미에게 투정을 부려봤지만, 사막으로 향하는 것은 현실적으로 불가능했다.

"그럼, 쳉헤르 온천으로 가볼까요?"

아미가 제안했다. 보통 홉스골 여행 중 경유지로 들르는 곳이지만, 욜링암에서 쳉헤르까지의 거리는 하루를 꼬박 이동해도 도착하기 힘든 거리였다. 사흐가는 하루 더 운전해야 했고, 아미 역시 금전적인 손해를 감수해야 했다. 그럼에도 불구하고, 우리의 여행을 무사히 마무리하기 위해 기꺼이 방향을 틀었다. 처음에는 선택의 여지가 없어 따랐지만, 하루를 꼬박 이동하며 그들의 배려를 실감할 수밖에 없었다.

사흘 만에 우리는 다시 울란바토르로 돌아왔다. 하루 동안 재정비한

후 새로운 여정을 준비하기 위해서였다. 이번에는 호텔이 아닌, 몽골인이 실제 거주하는 빌라로 향했다. 책장에는 아이의 책들이 빼곡했다.

"이 집 주인은 누구야?"

"홉스골에서 여행자 캠프를 운영하는 사장님 집이야. 여름에는 그곳에서 지내기 때문에 울란바토르 집을 숙소로 활용하는 거지."

흔한 숙소가 아닌, 실제 몽골인의 생활 공간이라는 점이 흥미로웠다. 그때 익숙한 냄새가 퍼졌다. 아미가 지친 우리를 위해 한식을 준비하고 있었다. 예상치 못한 김치찌개 냄새가 반가웠다. 아미가 정성스럽게 차린 저녁을 먹으며 기운을 차린 후, 일행들은 오랜만에 접한 문명의 혜택을 만끽하느라 휴대폰을 손에서 놓지 않았다. 심지어 아미까지도. 그제야 알게 된 사실인데, 몽골에서는 유튜브 프리미엄 없이도 광고 없이 영상을 볼 수 있었다. 더 놀라운 것은 아미가 몽골 영상이 아닌 한국어 영상을 자막 없이 보고 있다는 점이었다. 여행 내내 그의 유창한 한국어 실력에 감탄했지만, 영상을 완벽히 이해하며 감상하는 모습을 보고 그의 언어 능력이 기대 이상임을 실감했다.

마지막으로, 아미는 한국인들과 배틀그라운드를 하며 "오늘은 치킨이닭!"을 외치며 실시간으로 게임을 즐기고 있었다. 한국 문화에 대한 그의 이해력이 예상보다 깊어 또 한 번 감탄했다.

✦ 어쩌다 보니 쳉헤르, 너는 정말 신의 한 수

쳉헤르로 향하는 길은 광활한 초원이 펼쳐져 있었다. 고비사막과는 달리 푸른 초원에는 방목된 낙타, 양, 염소들이 한가롭게 풀을 뜯고 있었다. 윤기 나는 털과 포동포동한 몸매에서 이곳의 풍요로움이 느껴졌다. 호숫가에는 캠핑을 즐기는 몽골인들이 자리하고 있었다. 어느새 고비를 가지 못한 아쉬움은 사라졌다. 몽골은 계획이 틀어질 때마다 예상치 못한 즐거움을 선사했다. 그 후에 따라오는 보상은 확실했다.

초원이 끝나자 울창한 숲이 나타났고, 그곳에서 처음으로 야크를 보았다. 말로만 듣던 블랙야크를 직접 보니 쳉헤르가 가까워졌음을 실감했다.

게르에 짐을 풀고 밖으로 나오니 이곳은 '동물의 왕국'이었다. 울타리 밖에는 야크와 소들이 한가롭게 풀을 뜯고 있었고, 하늘에는 둥실 떠 있는 구름이 평온한 분위기를 더했다. 한국에서 보던 소들과는 생김새가 달랐으며, 거대한 소 한 마리는 푸르공을 가릴 정도였다. 서로를 신기한 듯 바라보며 묘한 교감을 나누었다. 텔레비전에서만 보던 야크

를 이렇게 가까이서 보다니, 믿기 어려운 순간이었다.

"이곳으로 데려와 줘서 정말 고마워! 너무 행복해 죽을 것 같아."

'굳이 몽골에서 온천을 가고 싶지 않다'라고 했던 과거의 나를 반성한다. '푸른색 온천'이라는 뜻을 가진 쳉헤르는 아르항가이 지역을 대표하는 휴양지다. 1초에 10리터의 온천수가 솟아나며, 유황 온천수에 삶아 먹는 달걀이 별미로 꼽힌다. 한국인뿐만 아니라 몽골인들에게도 인기 있는 곳으로, '곽튜브'에서도 몽골 워크숍 장소로 소개된 바 있다. 우리가 머문 캠프를 비롯해 여러 캠프가 있으며, 시설마다 온천과 숙소의 퀄리티가 다르다. 다행히 우리가 선택한 캠프는 온천 시설과 화장실까지 쾌적했다. 고비에서의 열악한 환경을 떠올리면, 이곳은 그야말로 천국이었다.

chapter 2_인생의 고비를 맛보고 싶다면 고비사막

　온천에는 다양한 국적의 여행자들이 있었지만, 한국인은 단번에 알아볼 수 있었다. 대부분의 외국인은 가벼운 수영복 차림이었지만, 한국인들은 래시가드를 착용하고 있었다. 갑작스럽게 오게 된 터라 수영복을 챙기지 못했지만, 반팔과 반바지를 입고 조심스럽게 온천에 몸을 담갔다. 따뜻한 물이 온몸을 감싸자, 고비에서의 피로가 한순간에 녹아내렸다. 나도 모르게 "아~ 좋다!"라는 감탄이 새어 나왔다. 온천 속에서 맥주 한 캔을 마시며 여행의 피로를 씻어냈다.

　"길이 유실된 덕분에 이곳에 올 수 있었어. 이건 행운이야."

✦ 간밤에 나를 깨워 준 서늘한 친구, 그리고 선물 받은 은하수

온천을 즐기고 나오니 아미가 저녁 준비로 분주했다. 어제는 김치찌개로 감동을 주더니, 오늘은 삼겹살을 꺼내 몽골 투어의 화룡점정을 찍으려는 듯했다. 음식으로 유혹하면 빠져나갈 수 없는 나로서는, 이미 몽골의 매력에 깊이 빠진 상태였다. 몽골의 밤은 매일이 캠핑이자 축제였다. 하루 평균 400~500km를 이동하며 흔들리는 차 안에서 보내는 시간은 길었지만, 이를 보상하듯 맛있는 음식과 술이 지친 몸을 달래주었다. 저녁을 즐긴 뒤, 은하수를 보기 위해 잠시 눈을 붙였다. 자정이 되어 알람이 울렸다. 조심스럽게 게르 문을 열었지만, 별들은 두꺼운 구름 사이에 가려져 있었다. 새벽 1시, 2시가 되어도 상황은 변하지 않았다. 결국 알람을 꺼버리고 다시 잠들었다.

한 시간쯤 지났을까. 갑자기 얼굴 위로 무언가 기어가는 느낌이 들었다. 소스라치게 놀라며 깨어났다. '방금 그건 뭐지? 바퀴벌레? 도마뱀? 아니면 그보다 더 큰 것?'

놀란 가슴을 진정시키며 게르 문을 열었다. 거짓말처럼 하늘을 가득

덮었던 구름이 걷히고, 별들이 빼곡히 수놓아져 있었다. 마치 누군가가 나를 깨워 별을 보게 해준 것 같았다. (조금 전까지만 해도 온몸에 소름이 돋았는데, 이젠 고마운 마음마저 들었다) 태세 전환이 우디르급인 나답게, 자고 있던 일행을 깨워 함께 별을 보러 나섰다. 우리가 있던 곳은 여행자 캠프여서 밤새 불을 끄지 않아 광해 때문에 생각보단 별이 선명히 보이지 않았다.

우리는 캠프장 울타리를 넘었다. 고작 울타리 하나 넘었을 뿐인데, 칠흑 같은 어둠에 랜턴 없이는 한 발짝 떼기도 어려웠다. 그 덕분에 희미했던 별들이 더욱 선명하게 보였다. 하늘에는 은하수가 흐르듯 펼쳐졌고, 초원 위에서 바라본 별들은 고비에서 보았던 것보다 더 짙고 생생했다. 사실 빛 공해가 거의 없는 고비에서 은하수가 더 잘 보이고, 빛 공해가 있는 곳에서는 은하수를 생생하게 보기 어려운 법인데, 오히려 반대의 상황이 펼쳐졌다. 그렇게 별자리를 찾고 별과 관련된 음악을 배경 삼아 초원에 드러누워 그 시간을 만끽했다. 하지만 시간이 흐르면서 점점 한기가 느껴지기 시작했고, 저 멀리 초원의 끝에서 붉은 태양이 서서히 떠오르기 시작했다.

이른 새벽, 아직 아무도 찾지 않은 온천은 오롯이 우리만을 위한 공간처럼 느껴졌다. 차가운 새벽 공기 속에서 따뜻한 온천에 몸을 담그니, 마치 천국과도 같았다. 일출까지 더해지니, 이보다 완벽한 순간이 있을까 싶었다. '온천은 가고 싶지 않다'던 과거의 나는 온데간데없었다. 홉스골 코스를 갈 때 반드시 쳉헤르를 포함해야 한다며, 심지어 '1박은 부족하다, 2박은 해야 한다'고 주장하는 사람이 되어있었다.

아침 식사를 하며 전날 밤의 에피소드를 나누던 중, 지은이가 조심스럽게 말했다.

"언니, 사실 어젯밤 언니 얼굴 위에 올라간 게 뭔지 알아. 아까도 언니 목베개 위에 있던 거 내가 사진 찍어놨어⋯."

"아까도 내 목베개 위에 있었다고?"

도대체 무엇이었는지 궁금했지만, 정체를 알게 되면 충격받을까 봐 지은이는 쉽게 말해주지 않았다. 하지만 끈질기게 졸라서 알아낸 결과, 나를 깨워 은하수를 선물해 준 존재는 다름 아닌 작은 회색 쥐였다. 지은이가 보여준 사진 속 쥐는 내 목베개 위에서 앙증맞은 표정으로 앉아 있었다. 예상했던 것만큼 위협적인 모습은 아니었지만, 그래도 충격적이었다.

이 사실을 아미에게 말하자, 그는 놀라며 물었다.

"누나, 혹시 간식 먹고 과자 봉지 안 닫고 잤어?"

"응, 그냥 펼쳐두고 잤는데⋯."

"하아~ 누나, 당연히 닫고 잤어야지!"

"너한테 당연한 게 나한테는 당연하지 않아. 한국에서는 과자 봉지를 열어놨다고 쥐가 찾아오진 않거든⋯."

기억하자. 게르에서 음식을 먹고 정리하지 않으면, 뜻밖의 손님이 찾아올 수 있다는 것을.

✦ 고비사막 대신 미니사막

　아미는 고비사막을 보지 못한 아쉬움을 달래주기 위해 우리를 '미니 사막'으로 안내했다. 이름 그대로 작은 규모의 사막이었지만, 체력이 약한 나에게는 오히려 안성맞춤이었다. 고비사막은 끝이 보이지 않는 광활한 풍경이지만, 미니사막은 걸어서도 충분히 둘러볼 수 있는 곳이 었다.

　입구에는 화려한 장신구를 두른 낙타들이 관광객을 기다리고 있었 고, 각각의 낙타는 자신만의 주인이 있는 듯했다. 낙타 무리 속에서 탈 낙타를 고르자, 주인은 각자 어울릴 것 같은 낙타를 추천해 주었다. 처 음 올라탄 낙타의 등은 예상보다 훨씬 높았다. 앉아 있던 낙타가 천천 히 일어나며 긴 다리를 펴자, 마치 1층에서 리프트를 타고 2~3층으로 단숨에 올라간 듯한 기분이 들었다.

　출발 전, 한국에서 찾아본 정보에 따르면 낙타는 냄새가 심하고 옷을 망칠 수 있어 버릴 옷을 입고 타는 것이 좋다고 했다. 그러나 직접 경험 해보니 오히려 예쁜 옷을 입고 인생샷을 남기는 것이 더 좋은 선택이었

다. 물론 낙타는 우리를 태운 채 배설하기도 했지만, 승마할 때마다 옷을 버리는 것이 아니듯 굳이 버릴 옷을 챙길 필요는 없었다. 아미도 한국인 관광객들이 낡은 옷을 일부러 입고 와서 몽골에 두고 가는 모습을 보며 안타까워했다. 그의 말에 깊이 공감했다. 낙타 다섯 마리에 올라타 일렬로 이동하니 마치 신밧드의 대모험이라도 떠나는 기분이었다.

낙타에는 별도의 안전장치가 없어 혹을 잡고 타야 했다. 혹 내부는 지방으로 가득 차 있어 만질 때마다 미끄럽고 기름진 느낌이 들었다. 몽골의 낙타는 쌍봉낙타로, 봉이 두 개여서 단봉낙타보다 체격이 크다. 남편은 몸무게가 많이 나간다며 낙타에게 미안해했지만, 성체는 키가 1.8~2미터에 달하며, 몸무게는 최소 450kg에서 많게는 1,000kg까지 나간다. 몽골에서는 낙타가 게르 이사나 짐 운반에 없어서는 안 될 중요한 존재이다. 현재 쌍봉낙타는 멸종위기종으로 지정되어 있어 더욱 소중히 보호해야 한다는 생각이 들었다.

낙타 체험을 마친 후, 간단한 식사를 위해 적당한 장소를 찾았다. 미니사막 옆에 적당한 곳이 보여 차를 타고 이동했는데, 첫인상은 마치 판타지 게임 속 배경 같았다. 바람과 시간에 의해 자연적으로 깎인 거대한 돌산들이 장관을 이루고 있었고, 이곳에서 사진을 찍으며 노니 마치 RPG 게임 속 캐릭터가 된 기분이었다. 몇 년 후 다시 이곳을 찾았을 때, 나만의 특별한 장소라고 생각했던 이곳이 내 눈에 멋지고 예쁜 곳은 남들 눈에도 똑같았는지 미니사막에 가면 꼭 들르는 휴게소가 들어섰다.

✦ 고비사막 재도전기

 2018년 첫 방문 이후 서몽골과 홉스골 등을 여러 차례 여행하며 몽골 반전문가가 되었지만, 마음 한편에는 아직 고비사막을 오르지 못한 아쉬움이 남아 있었다. 이를 해소하기 위해 2023년 7월, 다시 몽골행 비행기표를 끊었다. 이번에는 남편 없이 떠나는 첫 여행이었다. 처음에는 약간의 불안함이 있었지만, 시간이 지날수록 설렘이 더욱 커졌다. 아미와 서몽골 여행을 함께했던 동호, 운전기사 두 분, 그리고 9명의 동행, 총 14명의 대인원이 함께 하는 투어였다.

 이전까지는 남편과 함께하거나 5~6명 정도의 소규모 여행을 했던 터라, 많은 인원과 동행하는 것에 대한 기대와 부담이 동시에 밀려왔다. 더욱이 이번 여행은 게르나 캠프에서만 머무는 것이 아니라, 광해를 피해 몽골 대자연 속에서 직접 텐트를 치고 캠핑하는 일정도 포함되어 있었다. 뒤에 나올 이야기이지만 몽골에서의 첫 캠핑을 시작으로 제주도에서도 장비 병 가득한 캠퍼가 된 나인지라 '내 텐트를 몽골 대자연에 펼쳐놓는 것'이 버킷리스트로 자리 잡았는데, 그 로망이 현실이 되는

순간이었다.

　제주에서 텐트를 챙겨 김포공항을 거쳐 인천공항까지 가는 과정은 예상보다 힘들었지만, 드넓은 몽골 대지에 내 텐트를 펼칠 수 있다는 기대감 하나로 모든 피로가 잊혔다. 인천공항에 도착해 울란바토르로 먼저 떠난 3명을 제외한 나머지 동행들을 기다렸다. 보통 몽골 투어 전

에는 사전 모임을 통해 서로의 성향을 파악하고 친목을 다지는 경우가 많지만, 내가 제주에 거주하는 관계로 모임을 하지 못해 미안한 마음이 있었다. 그런데 기진과 그의 동료 티거를 제외한 나머지 4명의 동행은 끝내 모습을 드러내지 않았다.

'혹시 이번 여행은 내성적인 사람들만 모였나? 잘 어울릴 수 있을까?' 하는 불안감이 엄습했고, 비행기 탑승 전까지도 만나지 못한 채 울란바토르로 향했다.

칭기즈칸 공항에 도착하자마자 만나지 못했던 동행들이 누구인지 한눈에 알아볼 수 있었다. 다른 여행객들과는 달리 텐트를 메고 있어 쉽게 구별되었다. 이렇게 어색한 첫 만남을 공항에서 나누며, 14명의 고비사막 투어가 시작되었다.

✦ 모래폭풍과 함께했던 캠핑

푸르공을 타고 끝없는 초원을 질주하며 손 닿을 듯한 구름을 벗 삼아 달렸다. 몽골에 다시 온 것이 실감 났다. 공항에서 6시간가량 이동하자 하늘은 핑크빛으로 물들었고, 어둠이 서서히 깔리기 시작했다. 정해진 것은 아무것도 없었다. 달리다 마음에 드는 곳이 생기면 그곳을 박지로 정하기로 했다. J들이 들으면 기겁할 만한 일정이지만, 계획에 얽매이지 않는 자유로운 여행이야말로 진정한 묘미가 아니겠는가.

그러나 예상치 못한 변수가 발생했다. 하루 종일 고요했던 풍경이 해가 지자마자 거센 바람과 함께 사납게 변하기 시작했다. 캠핑을 해본 사람이라면 알겠지만, 야영의 가장 큰 적은 비도 더위도 아닌 강한 바람이다. 특히 텐트를 처음 치는 사람들에게 바람은 가장 큰 도전 과제가 된다. 하필이면 이번에는 바람이 우리 편이 아니었다. 어떻게 해야 할지 고민하는 사이, 베테랑 기사님이 바람을 막아줄 수 있는 분지로 우리를 안내해 주었다. 하지만 분지라 해도 바람을 완전히 막을 수는 없었고, 결국 우리는 푸르공을 방풍벽 삼아 텐트를 치기로 했다.

푸르공 옆으로 하나둘 모여 각자의 텐트를 설치하기 시작했다. 평소 캠핑을 즐기던 나와 세롬, 다솜이는 순조롭게 텐트를 완성했고, 동호와 아미, 기사님들까지 합세해 초보 캠퍼들의 보금자리를 함께 마련했다. 협동심이 발휘되며 오늘의 집이 점차 완성되어 가는 모습을 보니 가슴이 벅차올랐다. 캠핑을 주제로 한 여행이다 보니 동행을 모집하는 과정도 그 어느 때보다 쉽지 않았다. 포기할까? 하는 생각도 수없이 했었다. 그러나 이렇게 어렵게 모인 10명이 힘을 모아 난관을 헤쳐 나가며 함께 버킷리스트를 실현하는 이 순간, 더 바랄 것이 없었다.

텐트를 치는 동안 거세게 몰아치던 바람은 마치 우리가 고생하는 모

습을 구경이라도 하려는 듯, 모든 준비가 끝난 뒤 잠잠해졌다. 그렇게 우리는 몽골의 첫 밤을 대자연 속에서 서로를 의지하며 맞이했다. 공항에서 미리 만나지 못해 혹시 내성적인 사람들일까 걱정했던 것이 무색하게도, 우리는 누구보다 빠르게 친해졌다. 심지어 처음 만난 다연 언니와 소정 언니는 굳이 두 개를 칠 필요가 있겠냐며 "이왕 이렇게 된 거 함께 쓰자"라고 의기투합해 첫날 밤을 같은 텐트에서 보내기로 했다.

밤 12시, 마치 '몽골에 온 걸 환영한다'는 인사처럼 하늘에는 은하수가 찬란하게 펼쳐졌다. 수없이 쏟아지는 별들 사이에서 우리는 감탄을 연발하며 인생샷을 남겼다. 온전히 자연과 우리만 존재하는 이 순간을

동행들에게도 온전히 전해주고 싶었다. 그 마음이 통했던 걸까. 내 선택과 고집이 틀리지 않았다는 것을 자연이 직접 증명해 주는 듯했다. 나를 믿고 이 여행에 함께해 준 동행들에게 앞으로 더 멋진 몽골을 보여주고, 그 매력을 더욱 깊이 알려줘야겠다는 사명감이 가슴속에 차올랐다.

✦ 푸르공 고장은 몽골에서 디폴트에요

텐트에서 잠을 자면 아침 해가 뜸과 동시에 텐트로 열이 고스란히 전달되어 알람 없이도 강제 기상이 이루어진다. 오늘의 목적지는 꿈에 그리고 그리던 고비사막.

출발한 지 두 시간쯤 되었을까, 갑자기 덜컹하는 충격이 느껴지더니 잘 달리던 푸르공이 멈춰버렸다. 기사님이 내려 확인해 보니, 타이어가 터진 줄도 모르고 달려 휠이 이미 돌이킬 수 없는 상태가 되어있었다. 그러나 몽골에서 차량 고장은 기본 옵션이나 다름없다. 대부분의 푸르공은 계기판에 30만 km 이상이 찍혀 있지만, 사실 그것은 계기판이 더 이상 올라가지 않아 멈춰 있을 뿐이고, 실제 주행거리는 상상을 초월할 것이다.

몽골을 여행하다 보면 깨닫게 된다. 이 험난한 지형을 무적으로 달려주는 푸르공의 존재만으로도 감사해야 한다는 것을. 기사님들은 오랜 경험을 바탕으로 웬만한 고장은 그 자리에서 해결해 낸다. 몇 시간이 걸리더라도 결국 다시 출발하니, 차가 멈추면 잠시 쉬어간다고 생각하고 그 순간을 즐기는 것이 최선이다. 때로는 고장 덕분에 예상치 못한 절경을 마주하게 될 수도 있으니 말이다. 하지만 뙤약볕이 쏟아지는 정오의 고비는 사람의 이성을 마비시키곤 했다. 온도는 고작 30도밖에 되지 않았지만, 새하얀 모래에 반사된 태양의 강렬함 때문인지 체감온도는 35도에 육박하고 있었다.

　한 시간쯤 지났을까. 무사히 수리를 마친 푸르공은 우리를 고비사막 입구에 있는 게르 캠프로 무사히 데려다주었다. 먼저 도착한 일행들의 환영을 받으며 게르 안으로 들어가 그대로 침대에 쓰러졌다. 뜨거운 햇볕 아래 장시간 있었던 탓에 탈진이 온 것이다. 세 시간가량 숙면을 취한 뒤, 몸 상태가 한결 나아져 게르 밖으로 나가 보았다. 한쪽에서는 낙타 무리가 한가롭게 쉬고 있었다. 고비의 척박한 환경 때문인지 미니사

chapter 2_인생의 고비를 맛보고 싶다면 고비사막

막에서 보았던 낙타들보다 혹의 크기가 현저히 작았다. 살짝 안쓰러운 마음이 들긴 했지만, 그래도 길에서 보았던 야생 낙타보다는 털의 윤기라든지 상태가 좋아 보였다.

사막에 왔으면 낙타와 기념 샷을 찍어야지. 쉬고 있던 일행들을 불러모아 몽골 전통 문양이 새겨진 빨간색 패브릭 안장이 얹힌 낙타 등에 올라탔다. 오랜만에 다시 올라탄 낙타의 등은 여전히 적응하기 어려울 만큼 높았다. 하지만 눈부신 구름과 끝없이 펼쳐진 모래사막을 배경 삼아 사진을 찍으니, 마치 화보 촬영을 하는 듯한 기분이 들었다. 이왕 온 김에 몽골 여행에서 빠질 수 없는 푸르공과의 촬영도 함께하기로 했다. 다만 푸르공 지붕 위에 오르기 전, 반드시 기사님의 허락을 받아야 한다. 기사님들에게 푸르공은 가족, 친구 그 이상의 의미일 수도 있다. 다행히도 기사님은 흔쾌히 허락해 주었고, 우리는 푸르공 위에서도 멋진 순간을 담을 수 있었다.

✦ 고비사막 정상을
모두가 밟을 필요는 없잖아요?

저녁 7시, 낮 동안 내리쬐던 해가 뉘엿뉘엿 넘어가며 사막에 오르기 딱 좋은 시간이 왔다.

모두가 꿈꾸는 '고비사막 정상에서 일몰 보기'. 캠프에서 차로 30분 정도 이동해 고비사막 입구에 도착했다. 고비사막은 사하라, 아라비아 사막과 함께 세계 3대 사막 중 하나로 꼽힌다. 몽골어로 '고비'는 '황무지, 척박한 땅'을 뜻하는데, 그만큼 척박한 환경을 가지고 있어 사람이 살기에 적합하지 않은 곳이다. 지도를 보면 고비알타이, 으문고비, 드러너고비, 만달고비 등 '고비'라는 이름이 붙은 지역이 많지만, 우리가 생각하는 모래사막이 아니라 대부분 암석 사막이다.

그중에서도 가장 큰 규모와 아름다운 풍광을 자랑하는 으문고비 지역에 위치한 홍고린엘스는 여행자들에게 인기 있는 관광지이다. '노래하는 모래사막'이라는 뜻을 가지고 있는데, 바람이 많이 부는 지형인 이곳은 모래가 바람에 쓸리며 나는 소리가 꼭 노랫소리처럼 들려 이렇게 불리고 있다고 한다.

먼저 도착한 다른 투어사들의 푸르공들이 사막의 붉은 노을을 머금고 한 폭의 그림 같은 풍경을 연출하고 있었다. 눈앞에 펼쳐진 이국적인 장면이 압도적이라, 손이 저절로 셔터로 향했다. '드디어 내가 홍고린엘스에 도착했다니!' 몽골에서는 계획하던 것과 다른 방향으로 흘러갔던 적이 많아 그런지 벅찬 감동이 이루 말로 다 표현할 수 없었다. 미니사막과는 비교할 수 없을 정도로 웅장한 풍경, 그리고 끝이 보이지 않는 모래언덕이 눈앞에 펼쳐졌다. 그도 그럴 것이 고비사막의 높이는 최고 300m 정도이며, 그 길이는 무려 180km나 되는 광활한 크기에 달한다. 이 광활한 풍경 속에 서 있다는 것만으로도 감동의 쓰나미가 몰려왔다.

드디어 고비를 정복할 시간. 신발을 벗고 맨발로 모래와 조우했다. 신발을 신고 사막을 오르면 신발이 푹푹 빠져 걸음이 느려질 뿐만 아니라 한국에 돌아가서도 모래와 함께하는 삶을 살 수 있어서 과감히 포기하고 맨발로 올라가기를 선택했다. 해가 완전히 지기 전이라 뜨거운 태양 빛에 달궈진 모래가 살짝 뜨겁긴 했지만, 감당할 만한 수준이었다. 저질 체력인 나는 일행들과 뒤떨어질 것이 분명하여 '카메라 무게라도 덜어보자'라는 생각으로 인수 오빠에게 카메라와 휴대폰을 맡겼다.

고작 30분쯤 올랐을까? '인생의 고비를 맛보고 싶다면 고비에 가세요'라는 말이 실감 났다. 내가 상상했던 그 이상의 고비였다. 모래가 발목까지 푹푹 빠지는 것은 기본이고, 거센 바람이 사정없이 모래를 뿌려 눈을 뜨기조차 힘들었다. 캡모자는 모두 날아가고, 목에 끈이 달린 모자가 필수라는 사실을 새삼 깨달았다. 점점 가팔라지는 경사에 몽골인인 아미와 피앙세 빌궁도 네발로 기어가고 있었다. 그때 생각했다. '포기할 줄 아는 것도 용기'라고. 혼자였다면 멈추지 못했겠지만, 다행히 나와 체력이 비슷한 세롬이가 있었다. 그녀 역시 혼자였다면 무리해서라도 끝까지 올랐을 테지만, 우리는 둘이라 다른 쪽으로 용기를 내어보기로 했다. 정상을 포기하고 지금 이 순간을 온전히 즐기기로 말이다. 사막의 절반도, 아니 삼분의 일도 오르지 않았지만, 그곳의 풍경도 정상 못지않게 아름답다고 스스로에게 가스라이팅을 하고 있었다.

그렇게 멈춰 가만히 앉아 네발로 기어가는 일행들을 보며 존경의 눈길을 보내기도 하고, 모래밭을 이불 삼아 드러누운 채 이 순간에 집중했다. 여기서 딱 하나 후회되는 점이 있었다. 당연히 정상에 도달할 거라고 착각했던 탓에 인수 오빠에게 카메라를 넘겼다는 것이다. 자신을 과대평가한 참담한 결과였다. 우리가 멈춘 지 20분쯤 지나자, 인수 오빠는 우리 일행 중 가장 먼저 정상에 도착했다. 애초에 게임이 안 되는 시간이었다. 나중에 그 사실을 알고 조금이라도 더 오르지 않은 스스로를 대견해했다. 나는 멈추었기 때문에 모래사막에 누워 고비의 숨결을 느낄 수 있었고, 바람이 만들어 낸 자연의 노랫소리를 경청할 수 있었으며, 남들과는 다른 곳에서 다른 풍경을 벗 삼을 수 있었다. 언제 고비사막에 드러누워 하늘을 만끽하겠는가. 정상을 찍고 온 일행들은 다시 만난 건 그로부터 한 시간 정도 후였다.

"누나 진짜…."

여기까지 와서 정상을 찍지 않고 멈춰 버린 나를 보고 단단히 화가 난 아미였다. 보통 사람이라면 두 번의 도전 만에 겨우 온 고비사막 정

상을 오르지 않는 게 이해할 수 없는 상황이니 아미가 화를 내는 것도 이해가 되지 않는 건 아니었다.

'하지만 인생의 고비를 맛보기에 나는 아직 준비가 되지 않은걸. 조금만 더 아래에서 즐기다가 여유가 생기면 그때 정상을 밟아볼게. 아래에도 아직 즐길 거리가 너무너무 많아.'

Chapter 3

몽골의 백두산, 그리고 만년설,
타왕복드

✦ EBS 세계테마기행이 쏘아 올린 나의 타왕복드

첫 몽골 여행 이후, 내 알고리즘은 온통 몽골로 가득 찼다. 그러던 중 유튜브에서 EBS 「세계테마기행」의 '몽골의 최고봉, 알타이 타왕복드'를 보게 되었고, 그 순간부터 서몽골에 대한 환상이 모락모락 피어오르기 시작했다. 다시금 아미에게 메시지를 보내며 새로운 여행을 꿈꾸기 시작했다. 나는 거제도에서 자라며 눈을 거의 보지 못한 탓에, 설산에 대한 동경이 컸다. 타왕복드에는 여름에도 만년설이 존재한다는 사실 하나만으로도 충분한 자극이 되었다. 이전에 경험한 몽골의 풍경과는 전혀 다른 모습이었기에 더욱 끌렸다.

타왕복드(Tavan Bogd)는 몽골어로 '다섯 개의 산'을 의미한다. '타왕'은 '다섯', '복드'는 '산'을 뜻하며, 몽골의 해발 2,000m 이상의 산봉우리 중에는 '복드'라는 이름이 자주 붙는다. 타왕복드를 이루는 다섯 개의 봉우리에는 각각 의미가 담긴 이름이 있다. 호이텡(Khuiten 추운 산), 나랑(Naran 태양), 울기(Ölgii 땅), 부르게드(Bürged 독수리), 나이람달(Nairamdal 우정)이 그것이다. 이곳에서는 만년설과 빙하를 한눈에 볼 수 있으며, 몽골, 러시아, 중국, 카자흐스탄의 국경이 맞닿아 있다. 바양울 기 쪽은 인구의 90% 이상이 카자흐스탄인인 카자흐족이 살고 있어 게 르보다는 유르트(카자흐스탄식 이동 가능 주거 형태)를 더 쉽게 접할 수 있고 언어 또한 몽골어가 아닌 카자흐어를 사용한다.

이 지역의 대표적인 빙하인 포타닌 빙하는 알타이산맥에서 가장 길 며, 약 14km에 이른다. 19세기 후반(1876년~1880년), 이 지역을 탐험한 러시아 탐험가 겸 지리학자 그리고리 포타닌(1835~1920)의 이름에서 명 명되었다. 울란바토르에서 무려 1,820km 떨어진 이곳은 해발 4,374m 에 이르며, 몽골인들에게 우리의 백두산과 같은 존재다. 많은 몽골인이 일생에 한 번은 꼭 방문하고 싶어 하는 '꿈의 산'으로 불린다. 그래서인 지 몽골의 호텔이나 식당에서 설산 그림을 자주 볼 수 있는데, 그 그림 속 배경이 바로 타왕복드다. 정상에는 어워(샤머니즘이 강한 몽골 사람들이 기도드리는 돌탑)가 위치해 있으며, 과거 몽골의 왕들이, 오늘날에는 대통 령이 신년과 국가적 행사 때마다 찾아와 기도를 드리는 신성한 장소이 기도 하다. 이곳을 직접 탐험하게 될 것이라는 상상만으로도 하루하루 가 설렘으로 가득 찼다.

별을 보기에 최적인 날짜를 계산해 월삭에 맞추어 여행 일정을 정했 다. 별을 감상할 최적의 날짜를 고려해 월삭에 맞추어 여행 일정을 정 했다. 남편과 나, 자매인 기진과 기주, 그리고 용준 오빠까지 총 6명이 함께 떠나기로 했다. 높은 고도에서의 여행인 만큼, 혹시 모를 고산병 에 대비해 미리 약을 준비했다. 해발 2,000m 이상에서는 고산병이 쉽 게 발생하는데, 타왕복드는 그 두 배가 넘는 높이이므로 반드시 대비가

필요했다. 실제로 여행 중 남편은 심한 고산병 증세를 겪었고, 나 역시 경미한 증상을 경험했다. 평소 3,000m 이상의 베트남 판시판이나 4,000m를 넘는 융프라우에서도 멀쩡했는데, 장거리 이동의 피로가 쌓였던 탓인지 몽골에서는 처음으로 어지러움과 기력 쇠퇴를 겪었다.

2019년 8월 1일, 드디어 서몽골 원정대가 인천공항에서 첫 조우를 했다. 어색함은 곧 기대감으로 바뀌었다. 용준 오빠는 소아과 의사였는데, 혹시 모를 상황에 대비해 캐리어를 온통 약으로 가득 채워 왔다. 어느 정도였냐면, 만년설에 가는데, 정작 본인 바지는 반바지 하나 챙겨올 정도로 짐은 가볍게 꾸리고 혹시 모를 상황에 대비해 비상약을 종류별로 한가득 준비해 왔다. 그 꼼꼼함 덕에 누구 하나 탈 나는 일 없이, 서몽골을 온전히 즐길 수 있었다.

✦ 울란곰 공항으로 가는 길

둘째 날, 우리는 다시 칭기즈칸 공항으로 향했다. 수도 울란바토르에서 편도 1,820km나 떨어진 타왕복드를 국내선을 이용하기로 결정했다. 서몽골 지역은 울란바토르에서 너무 멀고, 도로의 대부분이 비포장이라 차량 이동이 쉽지 않았다. 울기까지 아스팔트 도로가 놓이면서 접근성은 좋아졌지만, 관광객을 위한 시설은 여전히 부족하고 한국인 여행자는 드물다.

반면, 유럽이나 미주 여행자들 사이에선 고비나 홉스골보다 더 선호되는 지역이다. 이곳으로 가는 동안에는 게르에서 머물기보다는 큰 아이막에 있는 호텔에서 잠을 자거나 텐트를 펴고 야영했다. 보통 여행자들은 타왕복드와 가장 가까운 마을인 울기로 가는 국내선을 이용하지만, 우리는 비용을 절감하고 더 다채로운 풍경을 경험하고자 울란곰을 경유하기로 했다. 공항에서 만난 승객 대부분은 몽골인이었고, 촬영 장비를 가득 챙긴 한국인 몇몇도 눈에 띄었다. 그들이 혹시 '세계테마기행'의 제작진이 아닐까 하는 엉뚱한 상상을 해본다.

비행기는 울란곰을 경유해 울기로 향했다. 창밖으로 보이는 풍경은 끝없는 대지뿐이었다. 간혹 작은 점처럼 보이는 게르가 드문드문 나타났을 뿐, 아무것도 없는 풍경이 이어졌다. 무료함에 눈을 감으려는 순간, 승무원이 내 어깨를 두드렸다.

"울란곰?"

순간 당황해하자, 그녀는 다시 한 번 "이곳이 울란곰이야. 너희 여기서 내려야 해"라고 말했다.

짐을 주섬주섬 챙겨 내리려는데, 우리 일행 말고는 아무도 내리지 않았다. 지금 내가 탄 게 비행기인지 버스인지 헷갈리는 시점이었다. 어리벙벙한 상태로 비행기에서 내리니 우리 일행만 내려주고 비행기는 바로 울기를 향해 날아갔다. 하늘과 활주로, 이제 막 이곳에 떨어진 우리가 전부였다. '동네 시골 버스 정류소도 아니고 비행기를 이런 식으

로 내린다고?'

　우리가 내린 공항은 거제도 버스터미널보다 작았다. 그만큼 찾는 사람이 적은 공항이었다. 공항이라고 차마 믿을 수 없는 크기의 컨베이어 벨트 위로 우리 짐들이 나왔다. 다행히도 빠진 짐 없이 무사히 잘 도착했다. 공항 문을 열고 나오니 더 믿을 수 없는 풍경이 벌어졌다. 높은 고도를 증명이라도 하듯 어깨에 바로 닿을 것처럼 하늘이 가까워져 있었다. 주변에 건물이라곤 찾아볼 수 없었고, 저 멀리 줄을 이룬 산줄기와 그 아래 덩그러니 놓인 벤치만 있을 뿐. '여기서 별 찍으면 끝내주겠다'라고 생각한 나는 천상 사진쟁이인가 싶다.

　곧 우리의 드라이버 '저거'가 도착했다. 어딘지 푸근한 인상의 그는 우리를 이끌고 몽골의 대자연 속으로 떠날 준비를 마쳤다. 하루의 여정을 마무리하며 작은 마을에서 머물기로 하고, 한적한 거리를 거닐며 필

름 카메라로 풍경을 담았다. 그때 눈에 익숙한 얼굴이 눈에 들어왔다. 박신혜가 그려진 간판이었다. 몽골의 깊숙한 마을까지 스며든 한류를 보며 괜스레 뿌듯한 마음이 들었다.

✦ 독수리 모닝콜, 초원에서 먹는 라면, 그리고 천연모기향

새벽부터 정체를 알 수 없는 새소리가 숙소를 가득 채웠다. 눈살을 찌푸리며 잠에서 깨어났다. 어디에서 나는 소리인지 궁금해 창문을 열었고, 믿기 힘든 광경이 눈앞에 펼쳐졌다. 창문 아래에 수십 마리의 독수리가 모여 있었던 것이다. 순간까지 예민했던 마음이 순식간에 가라앉았다.

'아침잠을 깨운 것이 독수리라니!'

그제야 서몽골에 도착했음을 실감했다.

앞서 언급했듯, 타왕복드에는 '부르게드(독수리)'라는 이름을 지닌 산이 있을 정도로 서몽골과 독수리는 떼려야 뗄 수 없는 관계다. 매년 10월 초, 이곳 바양울기 아이막에서는 카자흐족들이 전통 사냥법을 계승하기 위해 '독수리 축제'를 연다. 그 때문인지 이곳에서는 닭보다 독수리를 더 쉽게 마주칠 수 있다. 독수리들의 요란한 환영을 받으며 다시 떠날 채비를 했다.

끝없이 펼쳐진 대지 위로 노란 야생화가 만발한 길을 따라 달리던 중, 갑자기 차량이 덜컹이며 멈춰 섰다. 큰 돌에 걸린 탓인지 범퍼가 차체에서 떨어져 버렸다. 당황한 우리와 달리, 저거와 아미는 태연하게 떨어진 범퍼를 주워 들고는 야생화 사이에 조심스레 숨겼다. 돌아가는 길에 다시 찾아가면 된다며 태연하게 말했다.

'이것이야말로 어메이징 몽골!'

한국에서는 상상조차 어려운 일들이 아침부터 연이어 벌어지고 있었다. 한참을 더 달린 끝에 점심시간이 되었다. 하지만 주변 어디에서도 식당을 찾을 수 없었다. 결국 우리는 황량한 초원 한가운데에서 차를 세웠다.

"오늘 점심은 라면으로 해결하자!"

이 순간은 한국에 돌아간 후에도 계속 떠올랐다. 그날 우리가 끓여

먹은 것은 '김치찌개라면', 정확히는 노란 봉지에 담긴 오리온 라면이었다. 한국에서 만든 제품이지만 정작 한국에서는 찾아볼 수 없는 희귀템. 오랜만에 그 맛을 보니 절로 미소가 번졌다.

휴대용 가스버너에 불을 붙이고 라면을 끓이는데, 근처에 물이 있어서인지 모기떼가 달려들기 시작했다. 손을 휘휘 저으며 쫓던 중, 가이드가 정체불명의 덩어리를 가져와 불을 붙이기 시작했다. 연기가 피어오르자 모기들이 하나둘 사라졌다.

"이게 뭐야?"

내가 묻자, 아미가 피식 웃으며 답했다.

"말똥이야."

방금 맨손으로 집었던 것 같은데… 말똥이라니. 제주도 오름 촬영을

하면서 "소들은 풀만 먹으니 소똥은 괜찮아요"라고 태연하게 말하곤 했지만, 말똥 모기향이라니! 알고 보니 한국에서도 1970~80년대에는 말똥과 소똥을 말려 모기를 쫓는 용도로 사용했다고 한다. 몽골에서는 모기향뿐만 아니라 장작 대용으로도 널리 활용된다고.

그사이 라면이 완성되었다. 치즈 향이 코끝을 자극하며 허기진 배를 더욱 간절하게 만들었다. '그래, 이 맛이지!' 오랜만에 추억의 맛을 음미하며, 다시금 몽골에 있음을 실감했다. 배를 채우고 나서야 비로소 주변 풍경이 눈에 들어왔다. 저 멀리 펼쳐진 산과 마치 붓으로 그려놓은 듯한 구름, 그리고 이 넓은 대지에 우리뿐이었다.

이렇게 평온한 순간도 잠시, 시련의 서막인 줄도 모르고 지금은 그저 이 순간, 이곳에 있다는 것만으로도 벅차고 행복했다.

✦ 길이 유실됐어요,
저 타왕복드 갈 수 있겠죠?

"큰일 났는데?"

"무슨 일이지?"

차창 밖으로 시선을 돌리자, 원래 도로였던 곳이 흔적도 없이 사라지고 있었다. 밤새 내린 비로 인해 길은 유실되었고, 우리는 갈 길을 잃었다. 목적지인 울기까지 불과 15km를 남겨둔 시점이었다. 믿기 어려운 상황이었다. 왜 유독 내 여행에는 이런 시련이 끊이지 않는 걸까. 원망스러운 마음이 스쳤지만, 현실은 냉정했다. 이 길을 건널 방법은 없었다. 결국, 처음 출발했던 마을로 되돌아가기로 했다. 이미 지나온 길을 다시 가야 한다는 사실에 설렘은 온데간데없었다. 오프로드라 부르기도 민망할 정도로 거친 길 위에서, 마치 디스코 팡팡에 올라탄 듯 차는 요란하게 튀어 올랐다. 그 흔들림 속에서 무력하게 몸을 맡긴 채, 지루함에 잠이 들었다.

해가 지고, 어둠이 내려앉을 즈음, 우리는 다시 출발했던 마을에 도착했다. 어제 보았던 세탁소, '박신혜'라고 적힌 간판, 노상에 널려 있는

양털까지─모든 것이 그대로였다. 변한 것은 오직 내 마음뿐이었다. 길을 찾을 방법을 고민했다. 다행히도 마을 주민들이 도움을 주었다. 그들은 우리가 헤매지 않도록 자신들이 평소 이용하는 지름길을 안내해 주었다. 칠흑 같은 어둠 속, 그들은 묵묵히 앞장서 산봉우리를 몇 개나 넘으며 길을 열어주었다. 보답을 바라는 기색조차 없는 친절이었다. 친절을 베풀면 언젠가 자신에게 돌아온다고 믿는 몽골 사람들의 가치관 때문일까? 그렇다면, 내가 같은 상황이었다면 어떻게 행동했을까? 아침부터 길을 되돌아간다는 이유로 투덜대던 내 모습이 한없이 초라해 보였다. 그들의 친절이, 마음 한켠을 오래도록 울렸다.

그렇게 16시간을 달렸을까. 저 멀리 마을의 불빛이 희미하게 보이기 시작했다. 하지만 이미 너무 늦은 시각이라 호텔을 찾는 것은 불가능했다. 미리 준비한 텐트를 꺼내 베이스캠프를 만들었다. 텐트를 다 치고 나서야 비로소 여유가 생겼고, 일행들과 함께 밤하늘을 올려다보았다.

"수고했어, 오늘도."

누군가의 말처럼, 오늘 하루를 위로하듯 은하수가 머리 위로 펼쳐져 있었다. 저 멀리 산봉우리에서 시작된 빛의 흐름은, 만월의 고비에서 마주했던 은하수보다도 크고 선명했다. 어느새 피곤함은 씻은 듯 사라졌고, 다시 초롱초롱한 눈빛으로 밤하늘을 카메라에 담기 시작했다.

만약 길이 유실되지 않았다면, 우리는 이 순간을 만나지 못했을 것이다. 여행에서 길을 잃는다는 것은 곧, 새로운 길을 만나는 일이기도 하니까.

✦ 20시간을 달려왔는데 또다시 닥친 시련

아침 식사를 마치고 다시 4시간가량 달려 중간 목적지인 바양울기에 도착했다. 이곳에서 카자흐 출신의 현지 운전기사를 만나 푸르공으로 갈아탄 뒤 최종 목적지인 타왕복드로 향할 예정이었다. 바양울기는 몽골 최서단에 위치한 아이막으로, 러시아 국경과 맞닿아 있으며, 알타이 산맥으로 가는 길목에 자리한 관문이다. 인구는 약 9만 명으로 대부분이 카자흐족이다. 그 덕분에 바양울기에 들어서면 가장 먼저 이슬람 사원이 눈에 띄며, 거리 곳곳의 문자는 몽골어가 아닌 카자흐어로 쓰여 있다. 몽골이라기보다 오히려 카자흐스탄에 가까운 분위기를 자아낸다. 이곳은 울란바토르보다 1시간 늦은 시간대를 사용하며, 서구화된 카자흐스탄 본토보다 전통적인 카자흐 문화를 더 온전히 보존하고 있는 곳이기도 하다.

아이막 입구를 가로지르는 물줄기를 따라 마을로 들어섰다. 첫 목적지는 카센터였다. 험로를 달리는 동안 타이어가 터지는 것을 넘어 아예 찢어져 버렸기 때문이다. 수리를 맡긴 뒤 카자흐 기사님을 기다리는 동

안 마을을 둘러보기로 했다. 금강산도 식후경. 마을 광장 옆에 자리한 한 식당으로 들어갔다. 식당 내부의 분위기는 지금까지 보았던 몽골과는 사뭇 달랐다. 사람들의 외모는 몽골과 러시아의 특징이 섞인 듯했고, 음식 또한 이국적이었다. 양고기처럼 향이 강한 음식을 피하고 싶어 샤슐릭을 주문했다. 꼬치에 끼운 고기와 채소를 숯불에 구운 요리로, 맛이 없을 수 없는 조합이었다. 몽골에서 꽤 오랜만에 입맛에 맞는 식사를 했다. 너나 할 것 없이 게걸스럽게 음식을 흡입한 후에야 비로소 정신을 차릴 수 있었다.

든든하게 배를 채운 후, 며칠간 씻지 못했다는 사실을 깨닫고 목욕탕을 찾았다. 이곳의 목욕탕은 미용실과 함께 운영되고 있었다. 구글 번역기를 이용해 먼저 와 있던 카자흐인들과 간간이 대화를 나누던 중, 갑자기 데이터가 끊겼다. 그렇게 어색한 정적이 흐르자, 우리는 빠르게 자리를 벗어났다. 목욕 후 개운해진 우리는 다음 목적지를 고민하다가 중앙 광장으로 향했다. 울란바토르의 수흐바타르 광장을 떠올리게 하는 곳이었지만, 규모는 훨씬 작았다. 광장에는 카자흐 아이들이 자전거를 타며 한가로운 시간을 보내고 있었다. 여행지에서는 그곳의 법을 따르는 게 인지상정. 우리도 자전거를 빌려 광장을 누비기 시작했다. 마치 어린 시절로 돌아간 듯한 기분이었다. 터진 타이어와 연락이 닿지 않는 기사님은 이미 머릿속에서 잊힌 지 오래였다.

한참 동안 신나게 자전거를 타던 중, 눈앞에 한 가게가 들어왔다.

참새가 방앗간을 그냥 지나칠 리 없다. 카자흐 민족의 전통 공예품을 판매하는 핸드메이드 소품 가게였다. 카자흐 문양이 새겨진 가방과 카

펫, 가죽 지갑, 책까지―우리는 이미 마음을 빼앗긴 상태였다. '이곳이 아니면 어디서 또 만날 수 있을까?' 망설일 이유가 없었다. 너나 할 것 없이 지갑을 활짝 열었다. 다만, 며칠 후 국영백화점에서 같은 문양의 가방을 발견하지 않았다면 더 좋았을지도 모른다.

그렇게 마을을 정처 없이 헤매던 끝에, 데이터와 함께 연락이 끊겼던 카자흐인을 다시 마주쳤다. 짧은 인사를 나누고 헤어진 뒤, 신호가 잡히는 곳에서 번역기를 켜보니 그가 남긴 말이 떠올랐다.

"너희 둘, 참 아름답고 보기 좋아."

카자흐 민족에게 처음 들은 말이 이렇게 따뜻할 줄이야. 마음이 묘하게 찡했다. 해가 기울자 마을에서만 시간을 보내기에는 아쉬움이 남았다. 일몰이 아름다운 장소로 이동하자는 제안에 모두 흔쾌히 동의했다.

차를 타고 30분쯤 달렸을까. 바양울기는 시야에서 한참 멀어진 후였다. 구름 뒤로 해가 숨어버린 탓에 기대했던 일몰 빛은 나타나지 않았지만, 광활하고 탁 트인 언덕 위에 올라 저 멀리 보이는 만년설 아래 바양울기 마을을 바라보는 것만으로도 충분했다. 그 아름다운 풍경을 배경으로, 우리를 이곳까지 데려오느라 수고한 아미와 저거의 사진을 찍어주었다. 그리고 얼마 후 알게 된 뜻밖의 사실. 그날 내가 찍은 사진은 단순한 여행 사진이 아니었다. 오랜 시간 떨어져 지냈던 두 사람의 '부자 사진'이었다. 혹여 우리가 불편해할까 봐 여행이 끝난 후에야 아미가 조심스럽게 알려주었다.

그날 언덕 위에서 기록한 그 순간이, 두 사람에게 소중한 추억이 되었기를 바란다.

✦ 카자흐 기사님 집에서 하룻밤

타왕복드에서 필요한 물품을 사기 위해 시장으로 향했다. 전형적인 중앙아시아의 재래시장과 닮아 있었지만, 깔끔하고 정돈된 느낌보다는 다소 어수선하면서도 사람 냄새가 가득한 곳이었다. 시장을 둘러보는 동안, 엄마 손을 꼭 잡고 따라다니는 어린아이들이 곳곳에 보였다. 어릴 적, 어머니와 함께 시장에 갔던 기억이 떠올라 괜스레 기분이 좋아졌다.

타왕복드 근처에서는 신선한 채소나 과일을 구하기 어려워 이곳에서 미리 장을 보기로 했다. 다만, 기대했던 것만큼 신선하지도, 가격이 저렴하지도 않지만 이곳에서 채소를 구할 수 있다는 사실만으로도 감사했다. 만년설 아래로 이동하는 여정이기에 혹시 모를 추위에 대비해 양말을 더 준비하기로 했다. 시장을 돌아다니다 보니 '아디닥스', '너이키' 같은 엉뚱한 브랜드명이 적힌 짝퉁 제품들이 즐비했다. 이런 것이야말로 시장의 묘미지. 가벼운 기념품 삼아 양말 한 켤레를 구입하고, 다시 입구 쪽에 있던 마트로 향했다. 그때, 예상보다 훨씬 오래 바양울기에 머물게 만든 기사님과 연락이 닿았다. 오늘 밤, 이곳에 발이 묶일 줄 알았는데 다행이었다. 그리고 한편으로는, 연락이 닿지 않았던 덕분에 바양울기 곳곳을 탐험하며 이곳 사람들과 특별한 시간을 보낼 수 있었으니 오히려 다행이라는 생각도 들었다.

푸르공은 어둠이 짙게 내려앉은 길을 달렸다. 하루 종일 마을을 누비며 지쳤던 탓인지, 차에 타자마자 깊은 잠에 빠졌다. 밤 10시가 넘은 시각, 한 마을에 도착했다. 푸르공 기사님의 집이라고 했다. 너무 늦은 시간이라 가족들과 인사를 나눌 새도 없이 다시 잠을 청했다.

다음 날 아침, 어디선가 아이의 울음소리가 들려왔다. 가까이 가보니, 한 살 정도 된 포동포동한 여자아이가 장난감을 쥐고 누워 있었다. 그 옆에는 분홍색 옷을 입은, 일곱 살쯤 되어 보이는 소녀가 서 있었다. 두 아이 모두 부모님의 얼굴을 쏙 빼닮았다.

아기는 미키마우스가 새겨진 플라스틱 욕조 안에 러그를 깔고 누워 있었다. 얼굴을 가까이 대고 웃어주자, 배시시 더 환한 미소로 화답했다. 기분이 한층 좋아진 우리는 조심스럽게 안아봐도 되겠냐고 물었고, 가족들은 흔쾌히 허락해 주었다. 보기 드물게 포동포동하고 사랑스러운 아기였다. 평소에도 똘망똘망한 아이를 보면 사족을 못 쓰는 나였기에, 아침부터 기분이 한층 들떴다.

아이와 놀아 준 후 기사님과 짧은 대화를 나눴다. 본업은 교사였고 여름철이 되면 관광객을 위한 운전기사로 일하며 부업을 한다고 했다. 울란바토르에서 유학까지 했다는 이야기를 듣자, 새삼 그 거리가 얼마나 먼지 실감이 났다. 울란바토르까지는 무려 2,500km. 그런데 생각보다 많은 사람들이 이곳에서부터 먼 길을 떠나 공부를 마치고 돌아온다고 했다. 그리고 대부분이 투잡, 혹은 쓰리잡을 뛰며 생계를 이어간다.

몽골의 평균 월급은 150만 투그릭, 한화로 약 58만 원 정도. 하지만 물가는 한국과 크게 차이가 나지 않아, 그들이 그렇게까지 일할 수밖에 없는 현실이 이해되었다.

✦ 해발 4,000m에서 만난 친구들

기사님의 집을 뒤로하고 다시 여정을 이어갔다. 어젯밤에는 어둠 속에 가려 제대로 보지 못했던 푸르공이 비로소 눈에 들어왔다. 흔히 푸르공을 떠올리면 민트색을 먼저 연상하지만, 우리가 타고 있는 푸르공은 짙은 국방색이었다.

"국방아, 우리의 여정을 안전히 잘 부탁해!"

어두운 밤길을 달릴 때는 그저 허허벌판을 지나는 기분이었지만, 낮에 마주한 풍경은 완전히 달랐다. 지금껏 보아온 고비나 홉스골과는 전혀 다른 풍경이 펼쳐졌다. 이곳이 정말 몽골이 맞나 싶을 정도였다. 어떤 곳에서는 미국 서부가, 또 어떤 곳에서는 뉴질랜드나 스위스의 풍경이 떠올랐다. 그렇게 넋을 놓고 달리는 동안, 카메라 셔터는 쉴 새 없이 눌러졌다. 언젠가 조지아를 여행해 보는 것이 꿈이었는데, 지금 눈앞에 펼쳐진 장관을 보니 '굳이 조지아에 갈 필요가 있을까?' 하는 생각마저 들었다.

두 시간가량 달렸을까. 해발고도가 점점 높아지면서 목적지가 가까

130

그럼에도 몽골

chapter 3_몽골의 백두산, 그리고 만년설, 타왕복드

워지고 있었다. 잠시 휴식을 위해 차에서 내렸을 때, 남편이 갑자기 몸이 이상하다고 말했다. 숨이 가빠지고, 어지러우며, 온몸에 힘이 빠진다고 했다. 그때는 "겨우 이 정도 가지고 무슨 고산병이야" 하고 웃으며 가볍게 넘겼다. 오후 2시, 마침내 타왕복드 국립공원에 도착했다. 이곳에는 단 몇 채의 게르만 있었는데, 이미 발 빠른 유럽 여행객들이 모두 선점한 상태였다. 다행히 우리에게는 미리 준비해 온 텐트가 있었다. 텐트를 치는 동안, 해발 4,000미터의 고도가 실감 나기 시작했다. 예상보다 빠르게 고산병 증상이 찾아왔다. 불과 몇 시간 전, 남편을 놀렸던 나 자신이 원망스러웠다. 순간적으로 기절하듯 잠에 빠졌다. 얼마나 잤을까. 무언가 물컹한 감촉이 느껴졌다. 잠결에 남편이 기대고 있는 줄 알았는데, 손을 뻗어 만져보니 예상과 달리 부드러운 털이 잡혔다.

"뭐야?"

깜짝 놀라 일어나 보니, 내 옆에는 강아지 두 마리가 편안한 자세로 누워 있었다.

"넌 누구니?"

당황하는 내게 기주가 웃으며 말했다.

"두 사람이 잠들자마자 와서 같이 누워 자더라."

뜨거운 타왕복드의 햇볕을 피해, 우리가 펼쳐놓은 텐트를 그늘 삼아 쉼터로 삼은 모양이었다. 마치 제 집처럼 편안하게 누워 있는 강아지들을 보고 있자니 절로 미소가 번졌다. 덕분인지, 혹은 깊은 잠 덕분인지, 고산병 증상은 어느새 씻은 듯 사라졌다.

"너희에게 그늘을 내주었으니, 이제 나의 모델이 되어다오."

내셔널 지오그래픽 포토그래퍼라도 된 듯, 두 강아지의 모습을 카메라에 담기 시작했다. 거대한 대자연을 자유롭게 누비며 살아가는 이들의 모습이 한없이 부러웠다. 이런 곳이 집이라니. 매일 아침 눈을 뜰 때마다 행복할 것만 같은 삶.

"얘들아, 나랑 집 바꿀래?"

✦ 강제 트레킹, 포기가 제일 쉬웠어요

강아지들과 놀다 보니 시간이 금세 흘렀다. 이제 타왕복드를 오를 시간. 만년설과 빙하가 자리한 이곳으로 향하는 방법은 두 가지, 승마와 트레킹이었다. 제주에 살면서도 한라산 정상에 오른 적 없던 우리는 당연히 승마를 선택하려 했지만, 앞서 말했듯 발 빠른 유럽 여행객들이 이미 모든 말을 빌려 갔다고 했다. 오마이갓!

정말 걸어서 올라가는 방법밖에 없는 것인가. 당시에는 차량을 이용해 정상까지 오를 수도 있었지만(현재는 환경 보호 차원에서 차량 출입이 전면 금지되었다), 우리가 있는 위치에서는 그마저도 불가능했다. 울란바토르에서만 편도로 1,820km, 한국에서 무려 4,000km를 날아와 타왕복드를 오르려 했건만, 결국 트레킹을 택할 수밖에 없었다.

"3~4시간이면 도착할 거야."

"지금이 오후 4시인데…?"

다행히 여름이라 해가 길어 오후 9시가 넘어서야 해가 진다고 했다. 게다가 마침 정상 도착 예상 시간이 '골든아워'였다. 여행 내내 "최고의

뷰포인트는 꼭 황금빛으로 물든 순간에 보고 싶다"라고 말해왔으니, 지금이야말로 그 바람을 이루기에 완벽한 타이밍이었다. 운동화 끈을 고쳐 매고 산을 오르기 시작했다.

얼마 지나지 않아 낙타를 탄 몽골인들이 산에서 내려오고 있었다. 마치 EBS 「세계테마기행」의 한 장면 같았다.

언덕을 오르는 내내 넋을 잃을 만큼 황홀한 풍경이 이어졌다. 모든 순간을 놓치지 않고 기록하고 싶었다. 그러나 그 감동도 잠시, 체력은 점차 한계를 드러냈다. 이미 일행들과의 거리는 멀어졌고, 그나마 남편이 함께라는 것이 위안이었다. 작은 바위를 발견하고 휴식을 핑계 삼아 털썩 주저앉았다.

"너무 아름다워서 눈물이 날 것 같아. 그런데 내 체력이 엉망이라 더 눈물 날 것 같아."

슬슬 짜증이 밀려왔다.

"왜 말은 하나도 안 남아 있는 거야! 한 마리 정도는 남겨줬어야지."

짜증은 곧 분노로 변했다. 더 이상 걷는 것은 불가능하다고 판단했다. 내려갈지 고민했지만, 일행들과 길이 엇갈리면 더 큰 문제가 될 수 있어 이곳에 머물기로 했다.

멈춰서 주위를 둘러보니, 지금까지 한 번도 경험해 보지 못한 장소에 와 있음을 실감했다.

'내가 또 언제 몽골에서 트레킹을 하겠는가.'

'비록 정상까지 오르진 못했지만, 걸었기에 지금 이 풍경 속에 남아 있을 수 있는 거잖아.'

긍정적으로 생각하기 시작하니 마음이 한결 가벼워졌다. 그렇게 남편과 사진을 찍으며 시간을 보내다 보니 어느덧 1시간 30분이 흘렀다.

그때, 멀리서 사람 소리가 들려왔다.

"여기서 사람 소리가 난다고?"

해가 저물어가는 시각이라 그런지 반가움보다 두려움이 앞섰다.

"누나!"

낯선 목소리가 아니라는 것을 깨닫는 순간, 안도의 한숨이 나왔다. 먼저 앞서갔던 일행들이었다.

"정상은 잘 다녀왔어?"

"아니, 너무 어두워져서 위험할 것 같아 우리도 내려왔어."

그 순간 들었던 생각은 단 하나.

'여기서 멈춘 나, 완전 칭찬해!'

결국 정상에 도달하지 못했다면, 오히려 중간에서 멈춘 우리가 더 현명한 선택을 한 셈이었다. 어깨춤이 절로 나올 지경이었다.

"한국 사람들 너무 느려."

아미의 말에 모두가 허탈하게 웃었다. 애초에 그는 몽골인의 걸음 속도를 기준으로 정상까지의 소요 시간을 계산했던 것이다. 어린 시절부터 유목민으로 살아가며, 몇백 미터의 산봉우리를 동네 뒷산처럼 넘나들던 몽골인과 비교해 한국인의 체력이 상대가 될 리 없었다.

한국에 돌아와 찾아보니, 우리가 있던 지점에서 타왕복드 정상까지 도보로 7~10시간이 걸린다고 했다. 그날 이후, 몽골인의 시간 계산은 절대 믿지 않기로 했다.

✦ 내 생애 최고의 은하수

첫 번째 고비 여행에서 월삭 계산에 실패한 탓에 별보다 밝은 달만 구경하다 돌아왔다. 그래서 이번 여행에서 가장 먼저 확인한 것은 비행기 표가 아닌 월력표였다. 그 덕분이었을까. 타왕복드에 도착한 바로 이 날, 한 달 중 별을 관측하기에 가장 적절한 밤이 찾아왔다. 비록 포타닌 빙하 정복에는 실패했지만, '오늘 밤 은하수 사냥만큼은 성대하게 이루리!' 비장한 각오로 은하수가 떠오르길 기다렸다.

기다리는 동안, 일행들과 함께 맥주를 챙겨 텐트에서 조금 떨어진 우유강(몽골에서는 빙하가 녹아 흐르는 강을 이렇게 부른다)에 넣어 두었다. 빙하 수에 담근 맥주를 맛본 적이 있는가. 트레킹 후 마시는 한 모금은 세상의 어떤 맥주와도 비교할 수 없을 정도였다. 점점 더 싸늘해지는 공기에 대비해 준비해 온 겨울옷을 꺼내 입었다. 이는 탁월한 선택이었다. 만년설 아래에서 맞는 밤이라 혹시 몰라 챙긴 옷들이, 은하수를 만나기 위해 밤마실을 나온 우리를 지켜주었다.

낮 동안은 예상보다 높은 기온 덕분에 여름옷만으로 충분했지만, 몽

골의 일교차는 낮과 밤의 계절이 바뀔 정도로 극심했다. 그래서 몽골 여름 여행을 떠날 때는 여름옷뿐만 아니라 가을, 겨울옷까지 챙겨야 한다는 단점이 있다. 하지만 이곳에서 자연이 주는 감동을 생각하면, 짐이 많아지는 불편함쯤은 기꺼이 감수할 수 있었다.

어둠이 짙어지고, 먼저 잠을 청하기 위해 푸르공으로 들어간 저거의 차에 불이 들어왔다. 이때를 놓칠 수 없어 삼각대 위의 카메라 셔터를 재빨리 눌렀다. 그렇게 담아낸 한 장의 사진. 내가 사랑하는 사진 중 다섯 손가락 안에 드는 작품이다.

곧 푸르공의 불이 꺼지고, 완전한 어둠이 찾아왔다. 그리고 마침내, 태어나 처음 보는 장면이 눈앞에 펼쳐졌다. 그동안 은하수는 하늘 위로 쭈욱 뻗은 길이라고 생각했지만, 이날 우리가 만난 은하수는 마치 무지개처럼 반원의 형태로 머리 위를 지나고 있었다.

'은하수의 끝과 끝이 보이다니.' '이게 정말 현실이라니.' '판타지 영화 속 장면도 이렇게 그릴 순 없을 거야.'

초광각 렌즈를 챙겨오지 않은 것이 뼈저리게 후회됐다. 지금까지 내가 본 은하수는 은하수 축에도 끼지 못했다는 것을 깨달았다.

이후로 총 두 번의 타왕복드행을 다녀왔지만, 이날 같은 무지개 은하수는 다시 만나지 못했다. 구름 한 점 없는 밤하늘은, 수천 개의 별빛으로 가득 채워졌다. 그리고 마치 별들이 춤을 추듯 유성우가 연이어 쏟아졌다. 소원을 빌 틈도 없이, 숨이 막힐 정도로 많은 유성이 하늘을 가로질렀다.

그날 이후, 어떠한 밤하늘을 보아도 그때의 감동을 다시 느끼지 못했다. 마치 우주를 여행한 듯, 시공간을 초월한 듯, 신비로운 행성을 다녀온 것만 같았다.

이 황홀한 순간을 우리만 볼 수 없다!

급히 아미를 깨웠다. 몽골에서 나고 자란 그에게는 우리가 이렇게 감탄하는 이유를 이해하기 어려울 수도 있겠지만, 이 순간만큼은 함께 공유하고 싶었다. 그리고 깊이 잠든 저거의 푸르공을 배경 삼아, 우리는 옹기종기 모여 청춘의 한 페이지를 남겼다. 추위를 피하려 있는 옷을 죄다 꺼내 입은 덕에, 꽃무늬 원피스 위에 낙타 양말을 신고 샌들을 신은 우스꽝스러운 차림이었지만―

이 또한 지나고 보면 더없이 아름다운 청춘의 나날들이었음을….

✦ 몽골인의 시간 계산에 또 속은
한국인의 최후

　빙하를 보지 못한 아쉬움 따위는 어젯밤 은하수 속을 유영하고 돌아온 덕분에 완전히 사라졌다. 하지만 아미는 여기까지 온 김에 더 많은 것을 보여주고 싶었는지, "어제 트레킹하던 중 건너편 산에 보였던 호수 기억나? 거기에 가볼까?" 하고 제안했다.

　어제 산을 오르던 중 신비로운 옥빛 호수가 저 멀리 보였던 것이 떠올랐다.

　"얼마나 걸리는데?"

　"한 30분쯤?"

　인간은 망각의 동물이라더니. 바로 어제 몽골인의 시간 계산법에 속았다는 사실을 잊고, "30분 정도면 거뜬하지!"라며 아무런 의심 없이 아미를 따라나섰다. 곧 당장이라도 부서질 것 같은 나무다리를 건너고, 언덕을 오르기 시작했다. 역시나. 오늘도 언덕 하나를 넘으면 또 다른 언덕이 나타나고, 다시 넘으면 또 새로운 언덕이 이어졌다. 끝없는 반복이었다.

　약속된 30분은 이미 훌쩍 지나 있었고, 한 시간째 비슷한 길을 걷고 있었다.

　"우씨…."

　뒤에서 씩씩거리며 "내가 다시 너를 믿으면 사람이 아니다!"를 외쳤다. 울며 겨자 먹기로 발걸음을 내딛던 그때, 저 멀리 30대 중후반으로 보이는 외국인 여성이 대여섯 살쯤 되어 보이는 딸과 함께 산에서 내려오고 있었다.

　"이제 조금만 더 가면 정말 아름다운 호수를 만날 수 있을 거예요. 힘 내세요!"

　응원의 말에 다시 힘을 내어 걷기 시작했다.

　그리고 마침내,

"우와~ 미쳤다!"

감탄이 절로 흘러나왔다. 웅장한 설산에 둘러싸인 옥빛 호수가 눈앞에 파노라마처럼 펼쳐졌다. 날씨까지 완벽했다. 이곳 또한 지구의 풍경이라기엔 너무도 비현실적이었다. 마치 스위스의 하이디가 된 것만 같은 기분이었다.

'어떻게 물빛이 이렇게 옥색일 수 있을까?'

더 가까이 다가가 보기로 했다. 호수를 둘러싼 설산과 하늘에 떠 있는 구름이 물 위에 선명하게 반영되며, 풍경을 한층 더 신비롭게 만들어주었다.

"나를 여기까지 끌고 와줘서 고마워!"

태세 전환은 오늘도 우디르급인 나였다. 불과 10분 전만 해도 '아미

를 믿은 내가 바보지!'라며 분노를 원동력 삼아 산을 올랐는데, 이 풍경 앞에서는 모든 원망이 사라졌다. '천국이 있다면 이런 모습일까?' 마치 백두산 천지 아래에 있는 듯한 기분이었다. 우리가 이곳을 찾은 첫 번째 한국인일지도 모른다는 생각에 감동이 파도처럼 밀려왔다. 그때, 남자들이 갑자기 바지를 벗기 시작했다. '설마….'

그들은 아이처럼 해맑은 표정으로 호수를 향해 돌진했다. 순간, 나도 함께 뛰어들고 싶다는 생각이 들었지만, 그 마음은 몇 분 지나지 않아 흔적도 없이 사라졌다. 사시나무처럼 몸을 떨며 호수 밖으로 뛰쳐나오는 그들의 모습이 너무도 처절했기 때문이다. 말이 호수지, 사실 저 물은 빙하수였다. 몇 분이라도 몸을 담근 것이 오히려 대단할 정도였다.

조금 전까지 천국처럼 맑고 푸르렀던 하늘은 어느새 짙은 먹구름으로 뒤덮이고 있었다. 아쉬움을 뒤로하고 호수에게 작별 인사를 건넨 후 베이스캠프로 향했다. 그리고 우리가 도착하자마자, 기다렸다는 듯 거센 장대비가 쏟아졌다. 타왕복드는 우리가 머무는 동안 한 번도 흐린 모습을 보인 적 없었는데, 떠나려는 순간 비가 억수같이 퍼부었다. 마치 작별을 아쉬워하는 듯했다.

그 순간, 고마운 마음이 들었다. 비록 목표 달성에는 실패했지만, 예상치 못한 변수 덕분에 더 많은 것을 경험한 여행이었다. 결국, 단 하나의 아쉬움도 남지 않았다.

✦ 두 번째 타왕복드는 육로로 갑니다

팬데믹으로 하늘길이 닫혔다. 그동안 몽골에 대한 그리움은 걷잡을 수 없이 커졌다.

"코로나만 끝나면 가장 먼저 몽골행 비행기표를 끊는다."

입버릇처럼 했던 말이었다. 그리고 2022년 5월, 몽골 정부가 무비자 여행을 승인했다는 소식이 들려왔다. 사실 나는 이미 4월부터 여름 몽골 여행을 계획하고 있었다. 제주에서 알게 된 유진 언니, 현지 언니, '러브몽골'을 통해 만난 성훈 오빠와 태경 오빠, 그리고 남편까지. 이렇게 다시 한 번 타왕복드로 향하기로 했다.

2022년 7월, 우리는 인천공항으로 향했다. 텅 빈 공항은 낯설었다. 이렇게 한적한 인천공항을 다시 볼 수 있을까 싶을 정도로 조용했다. 그런데 내가 있던 곳만 한산했던 건지, 여행객이 적어 식당이 붐볐던 건지, 한식을 파는 식당마다 조리 시간이 30분 이상 걸린다는 안내가 붙어 있었다. 결국 한국에서의 마지막 식사는 쌀국수로 대신할 수밖에 없었다. 된장찌개면 어떻고, 쌀국수면 또 어떤가. 출국 전 공항에서 밥을 먹는 것만으로도 감격스러웠다.

그리고, 3년 만에 다시 만난 아미. "정말 보고 싶었어.""나도 그랬어." 길게 말할 것도 없이 우리는 서로를 꼭 끌어안았다. 이번 몽골행의 가장 큰 이유 역시 그리운 친구를 만나기 위함이었다. 하지만 오랜만에 찾은 몽골은 생각보다 많은 것이 변해 있었다. 불과 2년 남짓한 시간이었는데, 울란바토르에는 제주보다 높은 건물들이 더 많아졌고, 비포장도로는 매끈한 포장도로로 변해 있었다. 알고 보니 코로나 시기 동안 몽골 군인들이 도로 정비에 힘썼다고 했다. 시간이 멈춘 줄 알았는데, 그동안 몽골은 묵묵히 발전하고 있었다.

칭기즈칸 국제공항을 나서는 길, 하늘에는 여전히 뭉게구름이 가득했다. 변함없이 우리를 반기는 풍경이었다. 변화는 아미에게도 있었다. 새로운 동업자이자 친구가 생겼다. 무려 9년 동안 서울 면목동에서 살다 온 몽골인, 친보(동호). 그는 몽골어보다 한국어가 더 편한 사람이었다. 인스타 스토리도 한글로 올리고, 웹툰도 한글로 본다. 이번 여행은 아미와 동호, 두 명의 몽골 가이드 친구와 함께할 예정이었다. 그리고 또 하나. 아미가 차를 장만했다는 사실. 처음 만났을 땐 22살의 풋풋한 청년이었는데, 이제는 직접 운전해 우리를 마중 나왔다. 마치 고향에 두고 온 동생이 어느새 훌쩍 커버린 기분이었다.

공항을 조금 벗어나자, 이곳이 몽골임을, 정말로 이곳에 다시 돌아왔다는 것을 상기시켜주듯 양과 염소 떼가 우리를 환영해 주었다. 그리고 공항에는 또 다른 변화가 있었는데, 기존 몽골의 국제공항이었던 '보얀트 오하 공항'의 노후화, 늘어나는 수송량을 감당하지 못하자 몽골 정

부는 수도에서 남쪽으로 50km 떨어진 곳에 새로운 칭기즈칸 국제공항을 세웠다. 덕분에 1시간이면 도착했던 공항 이동 시간이 1시간 30분으로 늘어났다. 택시비도 몽골 돈으로 약 10만 투그릭(30달러)까지 올랐다. 이용하는 투어사에 따라 공항 픽업이 포함되지 않을 수도 있으니, 여행 전에 미리 확인하는 것이 좋다.

공항이 멀어진 탓일까, 러시아 전쟁 탓일까, 아니면 코로나로 세상이 멈췄던 탓일까. 처음 우리가 국내선을 이용했던 금액보다 무려 6배나 비행기표 값이 뛰어 버렸다.

"우리가 돈이 없지, 시간이 없냐!"

결국 우리는 더 긴 시간이 걸리지만, 더 많은 것을 볼 수 있는 육로여행을 선택했다. 몽골에서의 첫날은 울란바토르 시내의 빌라에서 묵기로 했다.

숙소 거실 한쪽 벽에는 설산을 배경으로 한 그림이 걸려 있었다. 자세히 보니 우리가 향할 최종 목적지, 타왕복드였다. 생전 처음 만난 일행들과의 어색함도 잠시. 몽골이라는 공통점 하나로 우리는 쉽게 하나가 되었다. 골든고비 맥주를 손에 들고 건배를 외쳤다.

"안전한 여행을 위하여!"

이번 여정은 14박 15일간 이어진다. 울란바토르를 출발해 고비를 지나 울기, 타왕복드, 자브항, 그리고 쳉헤르까지. 생면부지의 사람들이 보름 동안 함께하며 의기투합하고, 고난과 역경을 이겨내는 이야기. 이제부터 시작이다.

✦ 자 이제 시작이야! 내 꿈을 위한 여행, 타왕복드

먼 길을 떠나기 위해 동이 트기도 전에 서둘러 움직였다. 그리고 오랜만에 '테트리스'를 시작했다. 트렁크에 짐을 하나씩 차곡차곡 실을 뿐인데, 입가의 미소는 내려올 줄 몰랐다. 팬데믹으로 인해 2년 만의 해외여행이어서일까, 아니면 매일 꿈속에서 그리던 몽골이어서일까. 이유가 무엇이든, 이곳에 다시 왔다는 사실만으로 충분했다. 오랜만에 만난 푸르공. 내 자리 역시 언제나처럼 창문 옆이었다. 도심을 벗어나 푸른 초원이 보이기 시작하면, 자연스레 카메라를 손에 쥐고 창가에 기대어 셔터를 눌렀다. 일행들은 그런 내 모습을 보며 엄지를 치켜세웠고, 덕분에 카메라는 더 신나게 춤추듯 셔터를 눌렀다. 그렇게 몽골의 순간을 한 장 한 장 기록해 나갔다.

한참을 달리다 주유를 위해 멈춰 섰다. 그런데 푸르공 유리 너머로 번지는 일출을 그냥 지나칠 수 없었다. "여기서 스톱!" 외치고는 곧장 카메라를 들었다. 아직 동이 트지 않아 푸르스름한 하늘 아래 주유소에 차 한 대가 지나갈 뿐인데, 그 장면조차 한 폭의 그림 같았다. 빛을 머

금은 산봉우리는 사막처럼 붉게 타올랐고, 그 앞에서 한가로이 풀을 뜯는 말들은 다시금 깨닫게 했다. '그래, 몽골이야. 우리가 돌아왔어.'

조금 더 달리다 차는 다시 멈춰 섰다. 몽골에서 피할 수 없는 '화장실 타임'이 돌아온 것이다. 초원을 자세히 들여다보면 간혹 움푹 파인 구덩이가 보이는데, 이럴 때는 망설이지 말고 그곳으로 달려가 자연스럽게 볼일을 보면 된다. 만약 구덩이가 없다면 키 큰 풀숲이 또 다른 명당이다. 단, 풀독에 주의해야 한다. 오늘의 첫 화장실은? 바람이 시원하게 불고, 가릴 곳만 가릴 수 있다면 그곳이 바로 VIP 화장실이었다.

푸르공은 다시 길을 달렸다. 하늘을 올려다보니 구름이 마치 모양 놀이를 하는 듯했다. 조금 전까지만 해도 독수리 같던 구름이 어느새 물고기 모양이 되었고, 조금 후엔 산봉우리처럼 변해 있었다. 마치 상대의 모습을 따라 하는 포켓몬, 메타몽 같았다. '이런 장관을 그냥 지나칠 순 없지.' 이번에도 차를 세웠다.

평균 나이 37세의 남자들이 먼저 푸르공 위로 올라갔다. '혹시 차가 부서지진 않을까' 걱정도 잠시, 자연과 하나 된 듯 그들은 모델처럼 멋진 포즈를 취했다. 그렇게 또 하나의 몽골 여행 명장면이 만들어졌다.

✦ 몽골에서 만난 오로라

아무리 달려도 광활한 대지는 끝을 보여줄 생각이 없었다. 해는 점점 기울었고, 숙소를 찾기보다는 야영하는 것이 더 낫겠다는 결론에 이르렀다. 지금은 7월 말. 한여름 캠핑은 더위로 인해 생각조차 못 했다. 하지만 몽골에서의 캠핑이라니! 마다할 이유가 없었다. 초가을을 닮은 이곳의 날씨는 그야말로 캠핑에 최적이었다. 우리는 힘을 모아 오늘의 베이스캠프를 꾸렸다. 새벽 4시에 시작된 여정이 어느덧 저녁 8시를 향하고 있었지만, 피로를 느낄 틈도 없었다. 아침 해가 우리를 반겼듯, 저녁노을도 경이로웠다. 오렌지빛에서 붉은색, 남색, 보라색으로 변하며 하늘은 우리의 시간을 물들였다. 하늘이 완전히 어둠에 잠기자, 깊은 푸른빛 속에서 별들이 하나둘 모습을 드러냈다. 이제부터가 진짜 쇼타임. 선명하게 빛나는 별들 속에서 우리는 다시 카메라를 들었다.

그런데 찍힌 사진에 이상한 색이 감지되기 시작했다.

"어? 왜 하늘에 자꾸 초록색이 돌지?"

나중에야 알게 된 사실이지만, 몽골에서도 오로라가 희미하게나마

관측될 수 있다고 한다. 평소 같으면 은하수를 찍었겠지만, 이날은 오묘한 빛을 띠는 하늘 반대편으로 삼각대를 돌렸다. 오로라는 주로 위도 60~80도 사이에서 관측된다고 하는데, 몽골은 위도 41~52도 사이에 걸쳐있다. 2024년 7월, 몽골 볼강 지역에서 오로라가 포착되었고, 그해 몽골 사진 대회 1위 역시 이곳에서 촬영된 오로라 사진이었다. 그날 내 카메라에도 신비로운 에메랄드빛이 담겼다. 오로라로 추정되는 형형색색의 빛 아래, 유성우까지 쏟아지며 하늘을 수놓았다. 다시 만난 별들의 축제 속에서 12시간의 이동은 아무것도 아니었다.

'이미 여러 차례 이 광경을 본 나조차도 경이로움에 숨이 막히는데, 처음 맞이한 일행들은 오죽할까, 이러니 몽골을 못 떠나지.'

"이젠 몽골 말고 다른 나라도 좀 가"라는 주변의 말에 나는 늘 답한다.

"몽골은 한 번도 안 가본 사람은 있어도, 한 번만 가본 사람은 지극히 드물 거야."

실제로 내 주변에도 몽골을 경험한 사람들은 두 번 세 번 다시 이곳을 찾고 있다.

아침 해가 밝았다. 다시 돌아온 우릴 환영하는 마음으로 '좋은 것만 보여줄게' 하던 몽골은 어제로 끝이었다. 아침부터 바람이 심상치 않은 게 당장이라도 텐트가 부러져도 이상할 게 없었다. '똥바람에 텐트를 빼앗길 순 없지.' 눈도 제대로 뜨지 못한 채 첫 캠핑은 허겁지겁 마무리되었다. 다행히 폴대가 부러지지 않은 것에 감사하며 급히 짐을 챙겼다. 오늘 이동해야 할 거리는 무려 400km. 서울에서 부산까지의 거리

와 맞먹는다. 몽골의 면적은 156만㎢, 한국의 16배에 달한다. 그러니 오
늘도 달릴 수밖에 없다. 목적지까지 아직 3분의 1도 오지 못했다.

　조금 달리니 이번에는 비가 쏟아지기 시작했다. 아침부터 텐트를 강
제로 걷게 만든 이유가 바로 이것이었구나. 몽골아, 너는 다 계획이 있
구나.

✦ 아프니까 푸르공이다(with 모래폭풍)

오늘의 점심 장소는 식당이 아닌 외딴곳에 자리한 한 채의 게르였다. 몽골은 앞서 설명한 것처럼 한국보다 면적이 16배나 넓지만, 인구는 턱없이 적어 오히려 한국이 15배는 더 많다고 한다. 게다가 인구의 70~80%가 수도인 울란바토르에 모여 살아 시골에 가면 게르를 만나는 것도 감지덕지한 일일 때가 많다.

식사를 마치고 다시 출발하려는 순간, 운전기사 '아기'가 푸르공 아래로 몸을 숙였다. 곧이어 들려온 것은 절망적인 소식이었다. '누유'(차에 기름이 맺혀서 떨어지는 상태)가 시작된 것이다. 험난한 길을 장시간 달린 데다, 오래된 차에다 주행거리까지 어마어마했으니, 오히려 지금까지 멀쩡했던 것이 신기할 정도였다. 하지만 몽골 여행에서 가장 중요한 건 내려놓는 마음가짐이다. 한국에서의 기준으로 불평하기 시작하면 끝이 없으니 말이다.

차가 멈춘 지 몇 시간이 흘렀다. 누유는 여전히 진행 중이었고, 데이터 신호마저 끊겼다. 그런데 그때, 기적처럼 내 휴대전화만 신호를 잡

았다. 한국에서 연락받기 위해 나만 로밍을 해둔 덕분이었다. 현지 유심을 사용하면 2~3만 원이면 충분하지만, 10만 원 넘는 로밍 요금이 드디어 제값을 하는 순간이었다. 덕분에 근처에 사는 아미의 지인과 연락이 닿았고, 수리 부품을 구할 수 있었다.

차량을 간신히 고치고 떠나려는 순간, 아침과는 비교도 할 수 없는 거센 모래폭풍이 게르 주변을 덮쳤다. "어디 가려느냐?" 발길을 붙잡는 듯한 자연의 경고였다. 결국 우리는 다시 이곳에 발이 묶였다.

"오늘 이동은 어려울 듯하니, 저녁을 준비하자."

출발 전 미리 장을 봐 둔 덕분에 풍성한 식사를 차릴 수 있었다. 시장에서 동호가 사 온 소고기를 양념하려던 찰나, 몽골에서는 고기를 덩어리째 판매한다는 사실이 새삼 실감 났다. 힘줄과 비계를 직접 손질해야 했다.

밥을 짓는 동안, 밖에서 염소와 양의 울음소리가 들려왔다. 문을 나서자, 조금 전까지 맹렬하던 모래폭풍은 흔적도 없이 사라지고, 고요한 평화가 찾아와 있었다.

'이토록 아름다운 풍경을 두고 떠나려 했단 말인가?'

마치 자연이 일부러 발걸음을 붙잡은 듯했다. 바람이 지나간 자리에는 타닥타닥 마른 풀을 밟는 소리, 서로를 부르는 양들의 울음소리만이 남아 있었다. 이 순간이 소중하지 않을 리 없었다. 나는 카메라를 들고 천천히 양들에게 다가갔지만, 녀석들은 좀처럼 가까이 오지 않았다. 대신 비교적 접근이 쉬운 염소 쪽으로 방향을 틀었다. 놀라지 않도록 숨소리까지 죽이며 조심스럽게 다가갔다. 물론, 예전에 밀키를 만났을 때

처럼 친밀한 교감을 나누지는 못했지만, 이 정도 거리면 오늘의 여운을 담기에 충분했다.

이처럼 매일이 다채로운 순간들로 가득한데, 어떻게 몽골을 사랑하지 않을 수 있을까. 불편함은 순간일 뿐, 그 뒤로는 온전히 행복으로 채워질 일만 남는다. 순탄치 않은 몽골의 하루였지만, 그 덕분에 놓칠 뻔한 순간들을 온전히 내 것으로 만들었고, 잠시나마 내 삶을 되돌아볼 여유까지 선물 받았다.

✦ 길을 잃었다, 어딜 가야 할까? 12개로 갈린 조각난 몽골길

산을 넘고 강을 건너, 부지런히 달려 어느덧 다시 울기에 도착했다. 가장 놀라웠던 점은 울란바토르에서 울기 마을 초입까지 아스팔트 도로가 깔려 있다는 사실이었다. 예전에는 비포장도로를 달리다 아스팔트가 나오면 환호할 정도로 도로가 귀했는데, 팬데믹 동안 몽골은 부지런히 발전했다. 덕분에 예상보다 훨씬 편하게 이곳까지 도착했다. 시간이 허락된다면, 몽골을 육로로 여행하는 것도 강력히 추천한다.

오늘만 지나면 드디어 타왕복드다. 아스팔트를 지나 다시 비포장도로가 펼쳐진 길로 접어들었다. 너무 좋은 길만 달려서일까, 오프로드가 유난히 거칠게 느껴졌다. 험로를 질주하던 중 차의 속도가 줄었다. 한 무리의 말들이 길을 가로지르고 있었다. 몽골에서는 흔한 광경이지만, 양이나 염소가 아닌 말 무리가 이동하는 모습은 오랜만이었다. 가슴이 두근거렸다.

어느덧 해발고도는 3,500m. 다시금 남편의 고산병이 시작되었다. 다행히 한국에서 미리 챙겨온 고산병 약이 효과를 발휘했다. 약으로 고산병을 잠재우고, 우리의 허기까지 달래기 위해 빙하수가 흐르는 곳에서 점심을 해결하기로 했다.

테이블을 펴고 요리를 준비하는 동안, 냄비를 들고 빙하수로 향했다. 이곳은 비교적 낮은 고도여서인지, 전에 보았던 우유강의 탁한 색과 달리 맑고 투명한 물이 흐르고 있었다. 그렇게 떠온 물로 난생처음 빙하수 라면을 끓였다. 하지만 고도가 높아 공기압이 낮아진 탓인지, 라면은 좀처럼 익을 생각을 하지 않았다. 덜 익으면 어떠랴, 맛있으면 그만이지! 스스로를 설득하며 행복한 한 끼를 마무리했다.

다시 몇 시간을 달리자, 저 멀리 만년설이 보이기 시작했다. 하지만 앞선 여행에서 보았던 익숙한 풍경은 어디에도 없었다. 무언가 이상함을 감지한 우리는 현지인을 찾아 길을 물었다. 그런데 조금 전까지 몽

골어를 사용하던 사람들조차 동호가 말을 걸자 갑자기 카자흐어로만 답하기 시작했다. 마치 한국에서 지나가는 사람에게 길을 물었는데, 중국어로 대답하는 상황과 비슷하다고 하면 이해하기 쉬울까? 어찌저찌 대화가 통하는 사람을 만나 현재 위치를 확인했다. 예상보다 100km를 더 지나와 버린 것이었다. 원인을 찾아보니, 출발부터 구글맵을 잘못 본 것이었다. '알타이 타왕복드 국립공원'이 아닌, 지도상 설산이 보이는 곳으로 이동했어야 했는데, 목적지를 잘못 설정한 것이다. 우리가 따라간 푸르공들도 같은 곳으로 가는 줄 알았으나, 실상은 카자흐 사람들이 찾는 휴양지로 향하고 있었다. 이동하는 내내 푸르공이 많이 보여 안심했는데, 목적지가 아예 다른 사람들을 따라 길을 나선 것이었다. 100km라니, 말은 쉽지만 이곳은 험난하기로 소문난 지역이었다. 바위산이 가득한 길을 달려왔기에 다시 3시간을 되돌아가야 했다. '이제 3시간쯤 이동하는 건 식은 죽 먹기지.' 스스로를 다독이며 길을 되짚어 나섰다.

출발하려는 찰나, 신기한 주유소가 눈에 들어왔다. 민트색 직사각형 구조물의 상단에는 계기판, 하단에는 손잡이를 돌려 기름을 넣는 수동 레버가 달려 있었다. 레버를 돌리면 톱니바퀴처럼 생긴 모터가 그대로 노출되는 방식이었다. 처음에는 아기가 주유했지만, 이 진귀한 광경에 우리는 너나 할 것 없이 차에서 내려 직접 레버를 돌려보았다.

"살면서 언제 또 모터를 돌려 기름을 넣어보겠어."

돈 주고도 못 사는 경험이라며 모두가 신기한 체험을 반겼다.

다시 푸르공과 엉덩이를 붙인 채 몇 시간을 달리던 중, 너무 오래 달린 탓인지 또다시 멈춰 섰다. 문제는 이번에는 게르조차 없는 첩첩산중. 푸르공의 열기를 식힐 겸 우리는 도보로 이동하기 시작했다. 하루 종일 거친 길을 달린 것도 모자라 트레킹까지 하게 될 줄이야. 일행들은 점점 말이 없어졌다. 우리는 목적지를 잃고 하염없이 헤매고 있었다. 길을 잃었다. 어디로 가야 할까….

"나는 왜 이 길에 서 있나, 이게 정말 나의 길인가, 이 길 끝에서 내 꿈은 이뤄질까…."

점점 현실이 우스워지기 시작한 우리는 god의 '길'을 부르며 상황을 받아들이려 했다.

어느덧 푸르공의 열기는 식었고, 지나가는 사람들에게 물어물어 길을 찾아갔다. 그러던 중, 전에 보았던 것과 비슷한 나무다리와 우유강이 보이기 시작했다. 그래, 바로 이 색이지! 처음부터 의심했어야 했다. 타왕복드를 찾았는데 우유강이 보이지 않는다면 헤맬 각 58,000%. 차를 돌려 다시 길을 찾는 걸 강력히 추천한다.

✦ 쌩 리얼 야생 그 자체였던 베이스캠프 게르

푸르공이 열기를 견디지 못하고 멈춰 섰을 때, 이미 일몰이 가까워지고 있었다. 까만 밤이 찾아오고, 창문 사이로 별빛이 스며들 무렵까지 차는 묵묵히 길을 달렸다. 어둠을 뚫고 한참을 더 달리자, 저 멀리 희미한 불빛이 보였다. 오늘 밤은 이곳에서 머물기로 했다.

좀비처럼 푸르공에서 내려 게르 문을 연 순간, 며칠 전 머물렀던 초호화 게르와는 정반대의 의미로 놀라움을 느꼈다. 몽골 여행 세 번째 만에 처음 마주한, 쌩 야생 날것 그대로의 게르였다. 바닥은 흙이 그대로 드러나 있었고, 그 위에 사람이 누울 수 있을 정도의 카펫만 몇 장 깔려 있었다. 게르 틈 사이로 바람이 거침없이 들이쳤고, 한가운데 놓인 화목 난로는 땔감이 부족한 탓인지 말린 동물의 배설물을 연료 삼고 있었다. 그럼에도 불구하고 신기한 점은, 이 깊은 산속에도 전기가 들어온다는 사실이었다. 커다란 배터리 팩에 연결해 조명을 밝히고 있었다. 마구간 냄새가 가득한 정겨운 공간. 언제 또 이런 게르에서 하룻밤을 보낼 수 있을까.

　나중에 몽골 다큐멘터리를 보며 알게 된 사실인데, 이날 우리가 머문 곳은 완성된 게르가 아니라 유목 생활 중 잠시 머무는 임시 거처였다. 식사를 하고 잠을 잘 최소한의 공간만 마련한, 이동 중의 베이스캠프 같은 개념이었다. 다행히도 남편은 우리가 머물렀던 숙소 중 이곳이 가장 마음에 든다고 했다. 나 역시 같은 생각이었다. 게르 틈 사이로 바람이 스며들어 밤새 몇 번을 뒤척였지만, 17시간을 길에서 헤맨 우리에게 이곳은 그야말로 파라다이스였다.

　아침이 밝았다. 오늘의 모닝콜은 게르 주변을 가득 메운 염소와 양의 울음소리. 나보다 먼저 일어난 남편이 카메라를 들고 염소와 양 사이를 누비고 있었다. 떠오르는 햇살을 머금은 양과 염소의 털이 황금빛으로 빛났다. 온통 어둠뿐이었던 어젯밤과는 완전히 다른 풍경이었다.

　눈곱도 떼지 못한 채 비몽사몽한 정신으로 돌산을 뛰어다니는 염소의 꽁무니를 부지런히 쫓아다녔다. 한국이었다면 한창 깊은 잠에 빠져 있을 시간이었겠지만, 몽골의 아침은 저절로 사람을 부지런하게 만든다. 한순간도 놓치기 아까운 이 풍경. 매일 아침 이런 곳에서 눈을 뜨는 유목민들은 어떤 기분일까. 궁금하고, 부러운 순간이었다.

✦ 다시 돌아온 만년설 원정대

눈을 뜨자마자 대자연 속 동물들과 함께하는 호사를 누리니 어제의 고난은 금세 잊혀졌다. 희로애락을 함께한 덕분일까, 일행들과의 유대감은 가족보다 더 끈끈해졌다. 만년설 탐험대는 오늘도 길을 나섰고, 푸르공이 멈추면 우리는 걷고 또 걸었다. 하지만 오늘의 마음가짐은 어제와 달랐다. 애초에 히말라야를 오른다고 생각하니, 언덕 몇 개쯤은 가뿐했다. 한참을 오르던 중, 풍경 하나를 점 찍고 오늘의 포토 스팟으로 정했다. 성훈 오빠가 한국에서 챙겨온 빨간 망토를 두르고 포즈를 취하자, '나는 전생에 유목민이었을 것이다'라는 생각이 들었다. 이곳에 오니 한국에서 나를 짓누르던 고민과 걱정이 얼마나 하찮은 것인지, 나는 그저 지구 속 한 톨의 먼지에 불과하다는 사실을 광활한 대자연 속에서 뼈저리게 깨닫게 되었다.

잠시 멈췄던 푸르공이 다시 힘을 내 언덕을 오르기 시작했다. 그 모습이 마치 「월터의 상상은 현실이 된다」 속 한 장면 같아 가슴이 벅차올랐다. 지금 우리는 지도에도 없는 길을 걷고 있다. 이것이야말로 진

정한 모험이 아닐까? 잠깐이나마 진짜 노마드가 된 듯했다. 자연이 얼마나 거대한지, 거친 길을 달리는 푸르공이 마치 장난감 차처럼 보였다. 몽골을 여행하며 가장 인상적인 순간을 꼽자면, 이곳은 단연 세 손가락 안에 들었다.

언덕을 넘고 강을 건너가자, 저 멀리 에메랄드빛 호수가 보였다. 남편을 향해 외쳤다.

"저기, 우리 예전에 갔던 호수 아니야?"

"설마, 그냥 비슷한 곳이겠지."

하지만 한국에 돌아와 사진을 확인해 보니, 호수 옆 산의 눈이 마치 웃고 있는 얼굴처럼 보여 '스마일산'이라 부르던 그곳이었다. 나의 추측이 맞았다. 어떻게든 건너가서 호수를 다시 봤어야 했는데. 끝까지 우겨볼 걸…. 좀 더 적극적이지 못했던 자신을 후회했다. 몇 시간을 더 오른 끝에, 이제 더 이상 푸르공이 나아갈 수 없는 거친 돌길이 나타났다. 여기까지 오니 모든 걸 내려놓게 되었다. 피할 수 없으면 즐길 수밖에. 엄마가 늘 하던 말이 떠올랐다. "짜증을 내어서 무얼 하나~"

비록 포타닌 빙하는 보이지 않지만, 또 다른 설산 풍경이 눈앞에 펼쳐졌다. '이곳에 온 최초의 한국인'이라는 타이틀만으로도 충분한 여행이었다. 근처를 트레킹하기로 했다. 마치 북유럽의 페로제도를 떠올리게 하는 풍경이었다. 저 멀리 포타닌 빙하처럼 보이는 설산이 손에 닿을 듯 가까웠지만, 경험상 실제로는 훨씬 먼 거리일 터였다. 이제 그만 가라고 말리듯 하늘에서는 비가 후드득 쏟아졌다. 하지만 우리의 열정을 꺾기엔 역부족이었다. 후드를 뒤집어쓰고 다시 길을 나섰다.

비탈진 길을 따라 발목을 비틀며 걷고, 초록 이끼 같은 식물이 가득한 돌길을 지나며 계속 걸었다. 이곳의 풍경은 「겨울 왕국」 속 트롤들을 떠올리게 했다. 이끼를 덮은 돌들이 밤이 되면 귀여운 트롤로 변해 옹기종기 모여 살 것만 같았다. 귀여운 상상을 접고 한 시간쯤 걸었을까. 거대한 폭포가 눈앞에 나타났다.

만년설이 녹아내리며 거대한 강줄기를 이루고 있었다. 저 강만 건너면 목적지가 가까워 보였다. 하지만 잘못 발을 디디면 목숨을 잃을 수도 있을 만큼 물살이 거셌다. 우리의 여정은 여기까지라는 걸 알려주듯 안개가 몰려와 만년설은 순식간에 자취를 감추었다. 그리고, 우리의 체력 또한 한계치에 도달했다.

"여기까지가 끝인가 보오. 이제 나는 돌아서겠소."

"내년이나 내후년에 리벤지하는 거 어때?"

유진 언니의 말에 거세게 손사래를 쳤다. '여기 다시 오면 내가 사람이 아니다'라는 표정을 지으며 단호히 거절했지만, 인간은 망각의 동물. 귀국 후 나는 다시 '타왕복드 정복 계획서'를 쓰고 있었다.

✦ 쌍무지개와 밤새 우리를 지켜준 하오하오

베이스캠프로 돌아오자, 줄기차게 내리던 비는 언제 그랬냐는 듯 흔적도 없이 사라졌다. 마치 길을 막고 서서 '얼른 돌아가라고, 이 길로 못 간다' 말하려 했던 것처럼. 자연의 타이밍은 늘 기막히다.

긴 여정 끝에 지친 일행들을 위해 유진 언니가 울기 초입에서 사 온 수박을 썰었다. 한국의 농업 기술로 재배한 몽골산 수박. 환경이 달라서인지 한국의 수박보다 수분이 많고 당도는 조금 낮았지만, 이 순간만큼은 최고의 맛이었다. 사막에서 만난 오아시스처럼, 푸석해진 몸에 수분을 채워주었다. 우리는 아기 새처럼 옹기종기 모여 수박을 받아먹었다. 그때, 동호가 갑자기 외쳤다.

"전부 나와봐!"

침낭과 한 몸이 된 지 오래였지만, 그의 성화에 못 이기는 척 텐트 문을 열었다. 그리고 그 순간, 하늘이 환하게 열렸다. 조금 전까지 매섭게 내리던 비가 거짓말처럼 그치고, 타왕복드까지 가지 못해 아쉬운 우리의 마음을 달래주려는 듯 하늘에 쌍무지개가 걸려 있었다. 며칠을 달려

온 여정이 이 순간을 위한 것이었나 싶었다. 기분이 절로 좋아져, 입에서 노래가 튀어나왔다.

"참 예뻐요~ 내 맘 가져간 사람."

생각해 보니, 뮤지컬 「빨래」 속 주인공도 몽골인이었고, 그의 이름 또한 '솔롱고(무지개)'였다. 이보다 완벽한 타이밍이 있을까. 조금 전까지 천근만근이던 몸이 거짓말처럼 가벼워졌다. 아쉬움도, 피로도, 무지개 아래에서 사라졌다.

해가 완전히 지고, 차가운 공기가 텐트 안으로 스며들었다. 하루 종일 바람과 씨름한 탓인지 몸이 으슬으슬했다. 별을 볼 힘도 없이 침낭속으로 파고들었다. 하지만 체력이 남아 있던 남편과 태경 오빠는 삼각대를 들고 설산을 배경으로 사진을 찍고 있었다.

그런데, 어디선가 정체를 알 수 없는 울음소리가 들려왔다. 처음에는 가축인가 싶었지만, 점점 더 날카로워지는 소리에 온몸이 긴장했다.

"늑대인가?"

타왕복드 산맥에는 실제로 늑대가 서식한다고 했다. 두 사람은 순간 공포감에 휩싸였고, 사진이고 뭐고 모두 내팽개치고 텐트로 내달렸다. 그때, 또 다른 소리가 들려왔다.

"멍! 멍멍!"

이번엔 개 짖는 소리였다.

"싸우는 건가?"

"대체 무슨 상황이지?"

나갔다간 일이 커질 것 같아, 조용히 눈을 감고 귀를 막았다. 어쨌든

아침까지는 무사해야 했다.

아침이 밝았다. 텐트 문을 열고 밖으로 나가자, 낯선 강아지 한 마리가 우리 곁을 지키고 있었다. 크기는 작았지만, 몽골의 전통 개 방카르를 닮은 단단한 체격이었다.

"밤새 짖던 녀석이 너였구나!"

동호에게 이 강아지가 밤새 짖은 이유를 물었다.

"아마도 다른 야생동물로부터 우리를 지켜준 것 같아."

순간, 눈물이 차올랐다. 작고 귀여운 이 녀석이 밤새 험한 야생과 대치하며 우리를 지켜줬다고 생각하니, 고맙고 안쓰럽고 대견한 감정이 한꺼번에 몰려왔다.

"뭐라도 보답해야 해."

급하게 텐트 안을 뒤적이니, 어제 먹다 남은 수박이 눈에 들어왔다.

강아지 앞에 조심스럽게 내밀었다. 녀석은 코를 박고 킁킁거리더니, 이내 고개를 홱 돌려버렸다.

'뭐지? 우리 집 강아지 차콩이는 수박이라면 자다가도 벌떡 일어나는데?'

그제야 깨달았다. 몽골 강아지들은 사람들과 마찬가지로 고기를 주식으로 먹고 자란다. 처음 킁킁거린 것도 빨간색을 보고 고기로 착각했기 때문이었을 것이다. 녀석은 다시 바닥에 드러누웠다. 밤새 우리를 지켜주느라 지쳤는지, 거친 숨을 내쉬며 조용히 눈을 감았다. 나는 녀석의 머리를 살며시 쓰다듬었다.

"고마워, 하오하오(몽골 개짖는 소리). 네 덕분에 안전하게 밤을 보낼 수 있었어."

햇살이 비추자, 작은 영웅은 깊은 잠에 빠져들었다.

✦ 세 번째 타왕복드행(with 해외로케 화보 촬영)

　2023년 여름, 우리는 또 한 번 타왕복드에 도전하기로 했다. 2월과 3월, 겨울의 몽골을 두 번이나 다녀온 터라 여름 몽골은 더없이 반가웠다. 마침 겨울에 함께했던 '캐시미어' 업체에서 여름 의류 화보 촬영 의뢰가 들어와 일거양득이었다. 이번 여정은 아미와 빌궁, 빌궁의 친구 두 명, 그리고 KOICA에서 근무 중인 한국인까지 총 7명이 함께했다. 2023년에도 국내선 항공권은 여전히 비쌌다. 하지만 이번엔 돈으로 시간을 사기로 했다. 총 3박 4일의 일정, 최적의 동선. 이제는 너무나도 익숙해진 칭기즈칸 공항에서 수하물을 부치는데, 스무 벌이 넘는 캐시미어 의류 덕분에 추가 요금만 121,000투그릭(한화 약 5만 원)이 나왔다. 그런데 특이한 점이 있었다. 추가 요금은 항공사 카운터가 아니라 국제선 카운터 옆에 위치한 안내 데스크에서 따로 결제해야 했다. 그리고 그 영수증을 다시 항공사 카운터에 제출해야 비행기 티켓을 받을 수 있는 번거로운 절차. '웬만하면 짐을 최소화해야겠다'는 교훈을 얻으며 출발을 준비했다.

　설레는 마음으로 올기행 비행기에 올랐다. 몽골의 여름 하늘은 푸르고 깨끗했다. 내가 날씨 운이 좋은 건지, 아니면 몽골의 하늘이 늘 그런건지 모르겠지만 오늘도 티 없이 맑았다. 우리가 탄 비행기는 통로가좁아 사람 한 명이 겨우 지나갈 정도였고, 의자는 꽤 낡아 있었다. 체감상 관광버스보다 더 비좁았다. 심지어 기내 짐칸이 작아 카메라 가방이들어가지 않아 결국 품에 안고 탑승하기로 했다. 다소 불편했지만, 창밖으로 펼쳐지는 몽골의 대지를 바라보니 다시 여행이 시작되었다는실감이 났다.

　이번이 세 번째 도전. 비장한 마음까지 챙긴 채 이륙했다. 40분쯤 지났을까. 갑자기 승무원이 내 어깨를 톡톡 두드렸다. 무슨 일인가 싶어고개를 돌리자, 과자와 물을 건넸다.

　'이 비행기에 원래 이런 서비스가 있었나?'

어리둥절한 상태에서 승무원의 말을 자세히 들어보니, 영어로 리턴 어쩌고저쩌고하는 게 아닌가. 처음엔 '울란바토르로 돌아가는 티켓이 없어서 묻는 건가?' 싶었다. 사실 남편과 나는 울기에서 육로를 통해 카자흐스탄 알마티까지 갈 계획이었기 때문에 편도 티켓만 끊은 상태였다. 하지만 자세히 들어보니 전혀 다른 이야기였다. 기체 결함으로 인해 울란바토르로 회항한다는 것이었다.

'이게 무슨 자다가 봉창 두드리는 소리야?' 순간 정신이 번쩍 들었다. 지금 상태로 울기까지 도착하는 건 가능하지만, 정비 시설이 없는 울기 공항에서는 문제를 해결할 수 없어 결국 다시 돌아갈 수밖에 없다는 것이었다. 헛웃음이 나왔다. 기체 결함을 증명이라도 하듯, 비행기는 돌아가는 내내 심하게 흔들렸다. '이러다가 여기서 인생 마감하는 건 아닐까?' 별별 생각이 다 들었다. 체념하고 무사히 착륙하기만을 기도할 뿐이었다.

다시 1시간이 흘렀을까. 갑자기 비행기 안에서 환호성이 터져 나왔다.

"울란바토르에 무사히 돌아온 걸 환영합니다. 도르마무 도르마무… 다시 칭기즈칸 공항입니다."

한바탕 소동 끝에, 우리는 다시 원점으로 돌아왔다.

✦ 비행기 회항 사건

비행기에 실어 보냈던 짐을 다시 찾고 나니, 온몸이 녹초가 되어있었다. 그때 남편이 다가와 말했다.

"이 정도면 우리 만년설 가지 말라는 뜻 아니야?"

그 말이 농담으로만 들리지 않았다. 다행히도, 울란바토르 공항에 다시 돌아온 지 불과 30분 만에 재탑승 준비를 하라는 안내가 나왔다. 다시 짐 검사를 받고, 다시 대기. 약간 귀찮았지만, 희망이 보였다. 하지만 그 희망도 오래가지 않았다. 10시에 출발한다던 비행기는 11시, 12시가 지나도 움직일 기미를 보이지 않았다. 인내심이 한계에 다다랐다. '도대체 나한테 왜 이런 시련만 계속 주는 거야?' 열이 뻗치려는 순간, 승무원이 음료수를 나눠주기 시작했다. 몽골에서 거의 처음 만나는 냉기 가득한 콜라였다. 차갑디차가운 콜라. 몽골에서 이렇게 냉기 가득한 콜라는 처음이었다. 기분이 살짝 풀리려던 찰나, 콜라 캔을 여는 순간, 탄산이 넘쳐흘러 그대로 터져버렸다. 내 멘탈도 함께 터졌다. 그뿐만이 아니었다. 갑자기 기내식처럼 생긴 밥까지 제공되었다. 그 순간, 예전에 친구가 했던 말이 떠올랐다.

"외국에서 비행기 지연될 때 음료수 주고 밥까지 주면, 그 비행기는 결국 안 떠. 호텔로 안내될 확률 99%야."

혹시 이게 그런 시나리오인가? 타왕복드고 뭐고, 이쯤 되니 그냥 한국으로 돌아가고 싶어졌다.

오후 1시 30분. 드디어 다시 비행기에 오를 수 있었다.

"감사합니다. 하느님! 아버지! 부처님! 알라신님! 조상님들! 종교는 없지만, 오늘만큼은 온갖 신에게 감사드립니다!"

하지만 기도의 힘이 닿지 않았던 걸까. 비행기를 태워 놓고는 한여름에 에어컨도 틀어주지 않고 그렇게 기내에서 1시간을 더 대기했다. 땀과 한숨이 뒤섞인 시간이었다.

'그래, 액땜 제대로 했으니까 도착해서는 제발 타왕복드만 보여다

오!!'

다행히도 비행기는 울기에 무사 착륙했다.

'여기까지 오느라 수고 많았어.'

공항에 도착하니, 하늘은 웅장한 구름을 드리운 채 우리를 반겨주었다. 아침부터 겪은 회항 소동에 정신이 아득했지만, 반나절 만에 울기에 도착할 수 있었다는 것만으로도 감개무량했다.

✦ 슈퍼문과 함께 베이스캠프 도착

다시 푸르공에 올라 여정을 시작하니, 불과 몇 시간 전의 '비행기 회항' 사건은 까마득한 옛일처럼 느껴졌다.

"이런들 어떠하리, 저런들 어떠하리, 타왕복드만 밟게 해다오."

그 누구보다 간절한 마음을 가득 안고 달렸다. 하지만 출발한 지 한 시간 만에 푸르공은 또다시 멈춰 섰다. 지구온난화로 인해 예년보다 훨씬 뜨거워진 기온 탓에 엔진이 예상보다 빨리 과열된 것이다. 차 문을 열었다 닫았다 하며, 문짝으로 부채질을 해가며 열이 식기를 기다렸다. 남편에게 물었다.

"이곳에 다시 온 소감이 어떠십니까?"

"아무 생각이 없다, 지금…."

"오늘 안에 베이스캠프까지 갈 수 있을까?"

걱정이 앞섰지만, 다행히도 푸르공은 다시 힘을 내어 달려주었다. 모래 먼지를 뿜으며 거친 길을 달리고 또 달렸다. 3시간 30분쯤 지나자, 해는 뉘엿뉘엿 사라지고 여명이 가득한 하늘이 펼쳐졌다.

잠시 차를 세우고 바람을 쐬며, 대자연의 화장실을 이용할 겸 전망대에 올랐다. 전망대에는 각 나라의 수도가 적힌 나무 팻말이 서 있었다. 런던, 뉴델리, 싱가포르… 그리고 맨 위에는 '알타이 타왕복드'가, 가장 아래에는 'The more you travel, the brighter you shine'이라는 문구가 적혀 있었다.

'여행할수록 더 밝게 빛난다.'

"근데 아미, 나 타왕복드 세 번 오는데 이거 처음 본다?"

"그건 누나가 차 안에서 계속 자서 그래."

이 멋진 곳을 놓치고 있었다니! 낮에 보면 두 배 세 배는 더 아름다울 곳일 거라 생각했다. '다음에 여기 오면 잠들지 말고 꼭 두 배 세 배는 더 즐겨야지' 생각하며 다시 푸르공에 올랐다. 얼마나 지났을까. 눈을 뜨고 휴대폰을 확인해 보니, 이미 2,700m 고도까지 올라와 있었다. 고

지가 얼마 남지 않았다는 뜻이다. 차창 밖을 바라보니 평소보다 유난히 크고 둥근 달이 떠 있었다. 슈퍼문이었다. 달빛이 길을 밝혀주는 덕분인지, 목적지도 모른 채 끝없이 이어지는 밤길이 이상하게도 무섭지 않았다. 오히려 따뜻했다. 그렇게 조금 더 달리니, 마침내 오늘의 베이스캠프에 도착했다. 울기 시내에서부터 꼬박 6시간 30분. 자정을 앞둔 시각, 가로등 하나 없는 이곳에서 밤하늘을 밝히는 건 슈퍼문뿐이었다. 그 빛은 지친 우리를 달래주는 듯했다.

다음 날 아침, 문을 나서자 어젯밤에는 보이지 않았던 풍경이 펼쳐졌다. 원래는 호수가 없는 곳인데, 며칠 전 내린 예상치 못한 비로 인해 작은 호수가 생겨 있었다. 때로 자연은 험난한 시련을 주지만, 그만큼 예상치 못한 선물을 내리기도 한다.

가방에서 캐시미어 의상을 주섬주섬 꺼냈다. 여름 몽골에서 화보 촬영이라니, 차은서 성공했다! 빌궁과 함께 카메라를 들고 호수 앞에 섰다. 눈앞에는 대자연이 펼쳐지고, 그 풍경 속에 조용히 스며들며, 또 하나의 순간을 카메라에 담고 있었다.

✦ 어서 와, 포타닌 빙하는 처음이지?

이제는 정말 때가 왔다. 오늘은 기필코 타왕복드의 포타닌 빙하를 정복하리라! 굳게 다짐하며 푸르공에 올랐다.

베이스캠프에서 출발한 지 40분쯤 지났을까, 군인들이 보이기 시작했다. 국경과 가까운 지역이라 이곳의 관리도 군에서 맡고 있었다. 아미를 통해 미리 준비한 여행 허가증과 여권을 제시하니 빠르게 통과할 수 있었다. 그리고 다시 차를 타고 조금 더 이동하자, 오늘 우리를 빙하로 안내해 줄 말들이 기다리고 있었다.

"Сайн байна уу(센베노)!"

'잘 부탁해'라는 마음을 담아 몽골어로 인사를 건넸다. 본격적인 승마에 앞서, 먼저 말을 보고 가기로 했다(화장실). 이곳의 화장실은 위쪽이 뚫려 있는 오픈형 창문이었는데, 덕분에 지금까지 경험한 화장실 중가장 아름다운 풍경을 마주하게 되었다. 바람은 적당했고, 하늘에 떠있는 구름마저 우리의 타왕복드 정복을 응원하는 것만 같았다. '승마하기 딱 좋은 날씨네.'

　아미를 선두로 '타왕복드 원정대'는 출발했다. 그런데 어디선가 강아지 한 마리가 나타나 우리 앞에 섰다. 그리고는 마치 길을 안내하듯 말들보다 먼저 앞장서기 시작했다.

　강아지를 따라 말 위에서 내려다본 풍경은 「걸어서 세계 속으로」 BGM이 자동 재생되는 느낌. 꼭 브레멘 음악대가 된 것 같은 기분도 들었다. 한 걸음 한 걸음 나아갈 때마다 입이 절로 벌어지는 절경 덕분에 엉덩이가 아픈 것도 잠시 잊을 수 있었다. 산을 오를수록 추워진다고 해 배낭 속에 경량 패딩을 챙겨 갔지만, 다행히도 날씨는 우리 편이었다. 말들이 깎아지른 듯한 산길을 위태롭게 걸어가도, 넘어지지 않는 것이 신기했다. 거친 길을 오르며, 이 순간을 경험할 수 있음에 감사함이 밀려왔다.

　해발 4,000m 가까운 고산임에도 불구하고, 평소 고산병 증세를 호소하던 남편을 비롯해 일행 중 누구도 힘들어하는 기색이 없었다. 그만

큰 풍경에 완전히 빠져버린 탓일까?

두 시간 가까이 올라가자, 어디선가 산악 오토바이를 탄 사람이 유유히 지나갔다.

'저걸 탔다면 말 타는 것보다 엉덩이가 덜 아팠겠지?'

잠시 그런 생각이 스쳤지만, 이내 부러움을 삼키고 다시 걸음을 재촉했다. 그렇게 한 걸음, 한 걸음 더 나아가자 마침내, 저 멀리 타왕복드 말친봉의 모습이 서서히 드러나기 시작했다. 심장이 빠르게 뛰기 시작했다. 남들보다 몇 배는 더 어렵게 도전하고, 세 번째 시도 끝에 드디어 마주한 풍경. 벅차오르는 감동을 누를 수 없었다.

그리고 그 순간, 생뚱맞게도 하늘 위를 갈매기 한 마리가 날고 있었다.

'해발 4,000m가 넘는 이곳에 갈매기라니?'

이곳은 오래전 바다였으나, 융기 현상으로 인해 지형이 상승하며 갈매기들이 남았다고 했다.

"웰컴 투 타왕복드! 어서 와, 포타닌 빙하는 처음이지?" 하며 나에게 인사해 주는 듯한 기분이 들었다. 사진으로 수천 번 보았고, 오기까지 숱한 시간과 고난을 겪었던 곳. 그리고 이제야 눈앞에서 마주한 순간, 감동의 눈물이 차올랐다.

주머니 속에 곱게 간직해 온 초코파이를 꺼냈다. 한입 베어 물었다. 이건… 이 세상 초코파이 맛이 아니었다. 미간이 세게 찡그려질 만큼, 말로 다할 수 없는 만족감이 밀려왔다.

✦ 32살 차은서, 포타닌 빙하에 흔적을 남기다

포타닌 빙하를 향해 한 발, 또 한 발 내디디고 있었다. 그때 남편이 휴대폰을 들여다보며 외쳤다.

"어? LTE 뜬다!"

설마 싶어 확인해 보니, 그냥 LTE도 아니고 무려 네 칸이 꽉 찬 LTE 신호가 잡히고 있었다. 해발 4,000m가 넘는 이곳에도 데이터 기지가 세워져 있다니. 몽골 대통령도 헬기를 타고 휴가를 온다더니, 이런 오지에도 인터넷이 가능할 만큼 발전했다는 사실이 새삼 놀라웠다. 2018년, 처음 몽골을 방문했을 때만 해도 유명 관광지에서도 휴대폰 신호가 잡히지 않는 곳이 태반이었다. 그런데 2025년이 된 지금, 웬만한 관광지와 큰 아이막에서는 대부분 데이터가 원활하게 터진다. 어디 깊숙한 유목민 마을로 들어가는 게 아니라면, 이제 몽골에서 디지털 디톡스를 한다는 것도 옛말이 되어가고 있었다. 몽골의 변화는 상상 이상으로 빠르게 흘러가고 있었다.

어느새 머리 위에는 독수리들이 날아와 우리의 여정을 반겨주고 있

었다. 타왕복드는 내가 보고 싶었던 풍경과 장면들을 아낌없이 펼쳐 보이며, 모든 순간을 선물해 주고 있었다. 한 걸음, 한 걸음 더 나아가는데, 발밑에서 낯선 촉감이 느껴졌다. 모래를 밟는 소리도 달랐다. 퍼석퍼석, 서걱서걱. 조금 더 자세히 들여다보니, 땅 위에 말라붙은 해초 같은 것들이 잔뜩 널려 있었다.

"이곳은 바다였어. 지금 너희는 수백 년 전 바닷속을 여행하고 있는 거야."

자연이 이렇게 속삭이는 듯했다. 해초 길을 따라 계속 걸었지만, 역시나 몽골의 자연은 내 예상을 또 한 번 뛰어넘었다. 손을 뻗으면 닿을 것처럼 보였던 포타닌 빙하는 여전히 아득한 거리였다. 가까워 보이는 것과 실제 거리는 전혀 다른 법.

"그래, 이쯤 왔으면 됐지!"

시간이 한정적이었기에, 빙하를 더 가까이에서 보는 것은 포기하고 대신 이곳에서 라면을 끓여 먹고 하산하기로 했다. 고산임에도 불구하고 물은 예상보다 빠르게 끓었다. 내 속도 그에 맞춰 부글부글 끓어올랐다. 갑자기 찾아온 배탈. 타왕복드를 여행하기 위해 무려 보름이나 먼저 몽골에 와서 이미 적응을 끝낸 몸인데, 왜 하필 지금? 보름 넘게 멀쩡했던 장이 대체 왜 여기서 탈이 나는 걸까?

라면이 입으로 들어가는지, 코로 들어가는지 모를 지경이었다. 이 순간 세상에서 가장 맛있는 라면일 텐데, 장이 협조해 주지 않는 것이 원망스러웠다. 급하게 바위 하나를 찾아 자리를 잡았다.

'32살 차은서, 타왕복드 포타닌 빙하 근처에 흔적을 남기다.'

대자연과 깊은 조우를 한 뒤, 비로소 다시 얼굴이 밝아졌다. 그제야 눈앞의 자연이 하나하나 눈과 마음에 들어오기 시작했다. 잠시의 휴식을 마치고, 이곳에 온 본분을 다하기 위해 빌궁과 친구들에게 캐시미어 옷을 꺼내 입혔다. 바위에 누워 있기만 해도, 그냥 거닐어도, 친구들과 까르르 웃기만 해도 모든 순간이 화보 그 자체였다.

'사진을 하길 참 잘했다.'

'몽골에 오길 참 잘했다.'

'여러 번 실패했지만, 굴하지 않고 다시 도전하길 너무 잘했다.'

고난과 역경이 가득한 여정이었지만, 그 안에서 배우는 것이 무수히 많았다.

먼 훗날, 이 세상을 떠날 때 누군가 내 생애 최고의 순간이 언제냐고 묻는다면, "타왕복드를 정복한 오늘"이라고 자신 있게 말할 수 있을 것 같다.

그럼에도 몽골

Chapter 4

유목민 가족과의 2박 3일

✦ 찐 유목인 게르로 데려다줄게

2023년 8월, 원래 계획대로라면 우리는 지금 타왕복드의 만년설 아래에서 캠핑을 하며 여유로운 시간을 보내고 있었을 것이다. 하지만 현실은 보기 좋게 실패. 포타닌 빙하를 멀리서만 바라보며 아쉬움을 삼켜야 했다. 낙심하고 있던 그때, 동호가 흥미로운 제안을 했다.

"여기 서몽골 쪽이 운전기사 아기 아저씨네 고향이래. 다 같이 가볼래?"

"너무 좋은데?!"

아기 아저씨의 고향은 한국 여행객들에게도 인기가 많은 자브항 근처에 위치한 곳이었다. 올기에서 오전 11시에 출발해 오후 3시쯤 자브항 근처에 도착했다.

"이쯤 오면 다 온 것 같은데?"

하지만 그로부터 한 시간이 더 흘렀다.

"도대체 고향집이라면서 왜 이렇게 못 찾는 거야?"

아기 아저씨는 수도에서 생활하는 터라 오랜만에 가족들을 찾는 것

이었고, 유목민 가족들은 늘 같은 곳에 머무는 것이 아니라 동물들이 먹을 풀이 있는 곳을 따라 이동하기 때문에 특정한 주소가 있는 것도 아니었다.

"이 산인가?"

"어! 저기 게르 있다!"

희망을 품었지만, 예상은 보기 좋게 빗나갔다. 아저씨 가족이 아니라 이 근처에서 축제를 즐기고 있는 현지인들이었다. 조금 더 가니 작은 강이 흐르고 있었고, 동물들과 함께 떨어져 있는 게르 두 채가 눈에 들어왔다. 오후 7시.

"우와! 이번엔 진짜 도착했대요!"

드디어 오늘의 목적지, 아기 아저씨의 고향에 도착했다. 마당에는 빨간 장난감 자동차를 탄 한 살쯤 되어 보이는 아이가 해맑은 표정으로 우리를 맞이했고, 등에 붉은 안장을 얹은 말 한 마리가 천천히 걸어오고 있었다. 아기 아저씨는 조카로 보이는 친구와 두 손으로 서로의 얼굴을 감싸 쥐며 오랜만에 만난 가족들과 감격스러운 인사를 나누었다. 그 모습을 바라보며 절로 미소가 지어졌다. 타왕복드를 정복하지 못한 아쉬움 따위는 사라졌다.

'까짓거, 타왕복드는 또 오면 되지. 하지만 우리가 언제 또 진짜 유목민 마을에서 머물 수 있겠어?'

예고 없이 찾아온 불청객임에도 가족들은 따뜻하게 우리를 맞아주었다. 아롤과 수태차(우유에 홍차나 녹차, 소금을 넣고 끓인 몽골 전통차)를 내어주는 가족들의 정을 느낄 수 있었다. 워낙 다양한 곳에서 마셔봤지만,

이곳의 수태차는 그 어느 곳보다 진하고 깊은 맛이 났다. '진짜 유목민'이 만든 수태차였다. 차를 마신 후, 마당으로 나와 자동차 운전석을 구경하는데, 신기한 광경이 눈에 들어왔다.

"저건 뭐지?"

자동차 위에 하얀 덩어리들이 가득 놓여 있었다. 바로 아롤이었다.

"햇볕에 말리지 않고 왜 자동차 위에 올려놨을까?"

곰곰이 생각해 보니, 아마도 동물들의 습격을 피하려고 안전한 곳에 둔 것 같았다.

아롤은 우유를 말려 만든 몽골의 전통 간식이다. 현지인의 집에 방문하면 수태차와 함께 거의 빠지지 않고 나오는 간식이지만, 생각보다 딱딱하고 시큼한 맛이 강하다. 몽골에서는 현지인이 내어준 음식을 거절하는 것은 예의가 아니다.

"눈 딱 감고 한입 도전해 보자."

단단한 식감과 향이 입안에 퍼졌다. 몽골의 초원과 유목민들의 삶이 그대로 담긴 맛이었다.

✦ 세 살짜리 우스코가 말타는 법

"다그닥 다그닥!"

멀리서 말발굽 소리가 점점 가까워졌다. 건너편 게르에서 우리를 발견한 아이들이 말을 타고 건너오는 소리였다.

그중에서도 가장 어린아이에게 시선이 갔다. 우리나라 나이로 세 살쯤 되었을까? 놀랍게도, 그 작은 몸으로 말 위에 단단히 올라앉아 있었다. 역시 칭기즈칸의 후예들답다. 말 위에서 어색함이라곤 단 하나도 찾아볼 수 없었다. 몽골의 시골 아이들은 보통 네 살 때부터 말을 탄다고 한다. 하지만 우스코는 아무리 잘 봐줘야 세 살. 태어나면서부터 말 타는 법을 배운다는 말이 결코 과장이 아니라는 걸 깨닫게 하는 순간이었다.

아직 키가 작아 혼자서는 말을 탈 수 없었지만, 어른이 한 번 올려주면 하루 종일 말에서 내려올 생각을 하지 않는 우스코. 장난스레 말에서 내려주려고 하면 잔뜩 짜증을 내는 걸 보니, 말과 하나가 된 '말아일체'의 어린이가 따로 없었다.

보통 말 위에 오르면 안장 옆의 쇠 발걸이에 발을 끼우고 타는데, 우스코의 다리는 그곳에 닿기에는 조금 더 시간이 필요해 보였다. 하지만 그에게 말은 단순한 이동 수단이 아니었다. 친구, 장난감, 가족, 영혼의 동반자였다. 몽골인들은 굶어 죽는 한이 있어도 말의 안장만큼은 절대로 남에게 팔지 않는다고 한다. 그만큼 그들의 삶 속에서 말은 단순한 동물을 넘어 신성한 존재로 여겨진다.

유목민들에게 말은 가축을 돌보고, 잃어버린 동물을 찾아주며, 장거리 이동을 가능하게 해주는 중요한 동반자다. 그래서 몽골인들은 승용으로 사용하는 몇 마리의 말을 제외하고는 대부분의 말을 게르에서 멀리 떨어진 곳에 방목한다. 그래서인지 우리가 머무는 마당에도 두세 마리의 말만이 보일 뿐이었다.

몽골의 말들은 유럽의 말들처럼 사료를 먹고 자라는 것이 아니라, 거친 초원에서 아무 풀이나 먹으며 자란다. 강한 위와 뛰어난 소화력 덕분에 혹독한 환경에서도 견딜 수 있으며, 빠른 속도로 질주하는 대신 지구력이 뛰어나 과거 장거리 원정에 적합했다.

만약 이 강인한 말들이 없었다면, 칭기즈칸이 유럽을 정복하는 것은 꿈조차 꿀 수 없었을 것이다.

게르 입구에는 종종 하늘을 나는 천마가 그려진 깃발이 걸려 있다. 이는 말이 행운을 가져다준다는 믿음 때문이다.

고대 몽골인들은 사후에 하늘나라로 갈 때 말이 없으면 갈 수 없다고 믿었다. 그래서 왕과 전사들은 말을 함께 순장하기도 했다. 몽골에서 말은 단순한 가축이 아니라, 생애의 모든 순간을 함께하는 영혼의 단짝 같은 존재였다.

몽골을 여행하다 보면, 관광지에서든 유목민의 집에서든 말을 마주하는 일이 많다. 그럴 때면 그들이 말과 맺고 있는 오랜 인연을 떠올리며, 존중하고 아끼는 마음을 가져보자. 말 위에 올라탄 작은 해맑게 웃으며 달리는 우스코의 뒷모습엔, 말과 함께 이어질 유목의 역사가 고스란히 담겨 있었다.

✦ 어르길이 두 명이라고요?

마당 한편에서 빨간 장난감 자동차를 타고 배회하는 아이를 발견했다. 첫돌이 막 지난 듯한 작은 체구, 귀엽게 묶은 사과머리, 빨간 맨투맨 티에 청바지, 그리고 가죽 부츠를 신은 이곳의 막내 '어르길'이었다. 베이비스튜디오에서 근무하고 제주도 자연에서 숱한 아이들을 경험하며 갈고 닦아온 나의 스킬을 보여주었다. 일명 '간지럽히고 도망치기.' 하지만 그냥 도망치면 효과가 없다. 종종걸음으로 슬쩍 멈칫거리며 '갈까, 말까' 밀당을 해줘야 한다. 강약 조절이 중요한 건 연애뿐만이 아니다. 아이들을 웃길 때도 전략이 필요하다. 처음엔 낯선 이방인의 방문에 살짝 경계하던 얼굴이 어느새 사르르 풀렸다. 진심은 세계 어디서나 통하는 법이다.

조금 더 친해지기 위해 숨겨둔 비장의 무기를 꺼냈다. 유목민 마을 방문 전, 마트에서 사 온 속세의 간식들. 어른들을 위한 보드카 몇 병과, 아이들을 위해 요플레, 껌, 초콜릿을 준비했다. 갑작스러운 방문이었지만, 예의를 차리기 위해 챙겨온 작은 선물이었다.

207

작전은 성공적이었다.

껌이 너무 마음에 들었던 어르길은 순식간에 한 통을 다 비워버렸다. 그렇게 어르길은 영혼까지 우리에게 팔렸다. '좋았어! 계획대로 되고 있어!' 이제 어르길이 먼저 장난을 치기 시작했다. 까꿍 놀이를 하며 살인미소를 장착한 채 뽀뽀까지 날려주는 그를 보며, '이 맛에 내가 너를 유혹했지'라는 생각이 들었다.

그렇게 어르길과 신나게 놀고 있을 때, 동호가 불렀다.

"누나, 저녁 요리할 양 잡을 건데 볼래?"

귀한 손님이 찾아왔다며 가족들이 양을 잡아 요리를 대접해 주기로 했다. 몽골에서는 양을 잡을 때 피 한 방울도 흘리지 않는다고 들었는데, 차마 처음부터 지켜볼 자신이 없어 마지막 과정만 보기로 했다.

순식간에 원래의 모습을 잃어버린 양은 숙련된 손길에 의해 저녁 식사로 변해갔다. 몽골에서 귀한 손님이 오면 빠질 수 없는 요리가 바로 허르헉. 뜨겁게 달군 돌과 함께 갓 손질한 양고기를 냄비에 넣고 감자, 마늘, 양파와 함께 지글지글 익혀 먹는 전통 요리다.

화목 난로 위에서 익어가는 냄새가 코끝을 자극했다.

"끝내준다!"

이런 고급 요리에 술이 빠지면 섭섭하다. 가족들은 귀한 술을 꺼내 주었고, 몽골에서 술을 거절하는 건 예의가 아니라는 걸 배운 터라, 평소 '알쓰(알코올 쓰레기)'인 우리 부부도 살짝씩 목을 축였다. 하지만 소주보다 높은 도수의 술을 다 비우기엔 역부족이었다. 그때 가이드 동호의 차례가 왔다. 그는 잔에 손가락을 살짝 담그더니 하늘을 향해 튕겨냈다.

"한 방울이라도 버리려는 거야?"

창규가 묻자 동호는 자연스럽게 대답했다.

"대지와 자연에 바치는 의미야."

몽골에서는 술을 마시기 전, 신과 자연에 감사하는 의미로 몇 방울을 땅에 떨어뜨리는 전통이 있다고 했다. 경건한 순간을 비하한 것 같아 바로 머리를 숙여 사과했다. 술과 음식을 즐기고 있는데, 어디선가 양 갈래머리를 머리를 한 통통한 여자아이가 나타났다.

"너는 누구니?"

옆에 있던 아빠가 말했다.

"어르길."

"어르길?! 어르길은 쟤잖아?!"

알고 보니 몽골에서는 형제끼리 같은 돌림자를 쓰는 문화가 있었다.

예를 들어 '에르덴투야(Erdenetuya)'라는 이름이 있으면, 형제들도 '에르 덴'으로 시작하는 이름을 갖는다. 큰오빠는 에르덴볼드(Erdenebold), 작 은오빠는 에르덴바타르(Erdenebaatar)처럼. 그리고 이들은 모두 '에르덴' 이라고 불린다. 하지만 더 놀라운 반전이 있었다.

"어르길은 남자 이름이야."

철석같이 둘 다 여자아이일 거라고 생각했는데, 사실 둘 다 남자아이 였다.

몽골에서는 우리나라보다 배냇머리를 깎아주는 시기가 더 길다고 한 다. 남자아이는 3살 또는 5살 가을에, 여자아이는 2살, 4살, 6살 봄에 머리를 자른다. 우리나라의 돌잔치처럼 중요한 행사로, 온 가족이 모여 아이의 배냇머리를 자르며 축하하는 의식을 치른다고 한다. 이 의식을 하지 않으면 아이가 자라면서 병에 걸리거나 운이 나빠진다고 믿기도 해서, 아무리 가난해도 반드시 해야 하는 행사로 여겨진다고 했다.

몽골에서는 아이가 머리를 자르기 전까지 전생을 기억한다고 믿는다. 머리를 자르는 순간, 전생의 기억을 잃고 새로운 삶을 시작한다고 여긴다. 배냇머리 자르는 날은 단순히 머리를 자르는 게 아니라, 아이가 세상 살아갈 힘을 받아 가는 날이었다.

밤이 깊어갔다. 따뜻한 수태차를 한 모금 마시며 문득 생각했다. 타왕복드를 정복하지 못한 것은 분명 아쉬웠다. 하지만 이렇게 뜻밖의 경험을 할 수 있었다는 것만으로도, 이번 여정은 충분히 특별했다.

아이들의 웃음소리, 따뜻한 환대, 그리고 새로운 문화를 배운 하루.

진짜 여행에 한 걸음 더 닿아가는 순간이었다.

✦ 허르헉과 천연 에스테틱 돌멩이

우스코와 어르길2(통통한 어르길)는 우리들 사이에 자연스럽게 자리를 잡고, 허르헉을 야무지게 뜯고 있었다. 창규는 하트 눈을 장착한 채 어르길2와 눈을 맞추고 있었고, 우스코는 양 갈비를 열심히 씹고 있었다. 그 모습이 어찌나 사랑스럽던지, '이래서 사람들이 아이를 낳는구나' 싶었다.

파프리카 피클을 곁들여 주었는데도 낯설어하는 기색 없이 고사리 같은 손으로 꼭 쥐고 씹고 뜯고 맛보며 즐기는 모습이 귀여워, 보고만 있어도 배가 불렀다.

식사를 마친 어르길2의 손은 양고기 기름으로 범벅이 되어있었다. 물 티슈를 꺼내 부드럽게 닦아주자, 기분이 좋아진 듯 배시시 웃었다. 그리고는 게르 한구석으로 가더니, 몸보다 커다란 물통에서 얼굴만 한 바가지를 집어 물을 떠먹기 시작했다. 그 모습도 귀여워 미칠 지경이었는데 어느새 바지는 내려가 엉덩이에 반쯤 걸쳐졌고, 뽀얀 엉덩이가 '까꿍' 하며 인사하고 있었다. 치명적인 귀여움에 정신을 차릴 수가 없었다.

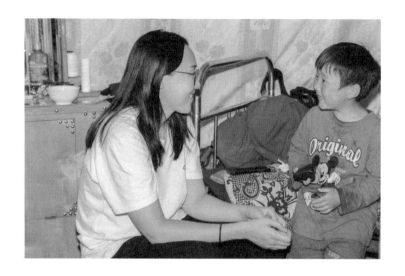

  그때 우스코가 무언가 손에 쥐고 우리를 불렀다. 허르헉 요리를 할 때 사용한 돌이었다. 영문을 몰라 어리둥절해하고 있자, 우스코는 돌을 유진 언니에게 건네주었다. 몽골 사람들은 보습을 위해 허르헉을 만들 때 쓴 돌에 묻은 양고기 기름을 사용한다고 했다. 그 말을 들은 일행들은 너나 할 것 없이 기름 묻은 돌을 집어 손등에 비비기 시작했다. 그런 우리를 보더니 우스코는 장난스럽게 볼에도 돌멩이를 갖다 문질러 주었다.

  낯선 경험이지만 특별한 체험이었다.

  우리가 아이들과 놀고 있는 동안, 게르 안에서는 어른들의 음주 가무가 계속되고 있었다. 몽골인들은 친절하지만 음주 가무에 지나치게 능하다. 우리 중 그나마 술이 센 현지 언니와 성훈 오빠가 어른들과 대작 중이었고, 그 사이에서 혀가 꼬인 몽골어를 통역하는 동호는 진땀을 흘리고 있었다.

술자리가 깊어지자, 우리는 아이들과 함께 게르 밖으로 나왔다. 불빛 하나 없는 깊은 어둠 속에서도 아이들은 전혀 겁내지 않았다.

"꺄르르! 꺄르르!"

아이들은 태경 오빠를 집중적으로 쫓아다니며 술래잡기를 시작했다. 아무래도 그와 정신 연령이 가장 비슷해서 좋아하는 듯했다. 놀다 보면 누구나 한 번쯤 넘어지기 마련인데, 몽골 아이들은 넘어져도 벌떡벌떡 일어나 다시 달렸다. 넘어졌다고 울거나 짜증 내는 법도 없었다. 그 모습을 보며 문득 생각했다. '아이들은 이렇게 커야 하는데.'

사진가로서 나의 영감과 감성은 어린 시절, 거제도 시골에서 자연을 뛰어다니며 자란 덕분이라고 생각한다. 먼 미래에 내 아이가 생긴다면, 어르길과 우스코처럼 자연을 벗 삼아 자랄 수 있길 바란다.

어느덧 밤이 깊어지고, 이제는 자야 할 시간. 우리는 아쉬움을 뒤로 한 채 미리 쳐둔 텐트로 향했다. 그런데 그 순간, 예상치 못한 장면을 목격했다.

어른들과 아이들이 게르가 아닌, 아롤을 말리던 자동차로 들어가는 것이었다.

"대체 무슨 영문이지?"

당황스러워하는 우리를 보고 동호가 설명해 주었다.

"이것도 몽골의 문화야. 손님이 찾아오면 집을 내어주고, 자신들은 차에서 자는 게 당연하다고 생각해."

"뭐? 그럼 우리 때문에 저 사람들이 차에서 잔다는 거야?"

충격이었다. 몽골 사람들은 손님을 맞이하고 정성을 다해 챙겨주면, 그 복이 그대로 본인들에게 돌아온다고 믿는다고 했다.

"우리 텐트 있으니까, 다들 게르에서 주무셔도 돼요!"

하지만 서로의 문화적 차이는 쉽게 좁혀지지 않았다. 그렇게 그들은 차 안에서 옹기종기 모여 하룻밤을 지새웠다. 나는 밤하늘을 올려다보며 마음을 다해 빌었다.

'이 가족들에게 내 복을 내어주어도 좋으니, 이들에겐 고난과 시련이 비껴가길.'

✦ 양치기 소년들

"자박자박, 자박자박, 메에~ 음머어~ 꺄르르."

기분 좋은 소리의 향연에 눈이 저절로 떠진 아침이었다. 텐트 문을 열자 양과 염소 떼가 시야를 가득 채웠다. 족히 200~300마리는 넘어 보이는 숫자였다. 아침부터 분주한 소리가 들렸는데, 그 이유는 이들 중 한 마리가 오늘의 희생양이 될 예정이기 때문이었다. 말을 타고 가축을 모는 아버지를 따라 어르길도 나뭇가지 하나를 들고 비슷한 흉내를 내고 있었다. 장래 훌륭한 양치기가 될 모습이 선명히 그려졌다.

그 모습이 사랑스러워 카메라를 꺼내 셔터를 누르자, 오히려 그런 우리가 신기한지 나뭇가지를 우리 쪽으로 향한 채 웃으며 성큼성큼 다가왔다. 그렇다면 놀아주어야지. 창규는 잠시 카메라를 내려놓고 "나 잡아 봐라" 하며 어르길과 놀았다. 덥수룩한 헤어스타일에 더벅한 수염을 한 창규의 모습이 이곳 어른들과 비슷해서인지, 어르길2는 두려움 없이 해맑은 미소를 지으며 도망갔다. 양과 놀던 우스코도 곧 합세했다.

그 순간 갑자기 모래 먼지가 크게 일었다. 로프를 던져 양몰이를 하는 아이들의 아버지가 보였다. '아무나 걸려라' 하고 던진 줄에 발이 걸린 양은 안타깝게도 오늘의 제물이 되었다. 아버지의 모든 행동을 흉내 내고 싶은 어르길은 로프를 붙잡고 연신 줄다리기를 했다. 그 모습이 재미있어 보였는지 얌전하던 우스코도 합세하여 열심히 줄을 당겼다. "영차 영차!" 우리는 입으로 추임새를 넣어 응원했다. 힘이 부족했는지 아이들은 어느새 반쯤 누운 자세로 온 힘을 다해 줄을 당겼다. 어디서 보았는지 그 자세가 일품이었다.

시간은 어느덧 정오를 향해가고 있었다. 카메라로 아이들을 촬영하던 중, 자매들이 서로의 머리를 단장해 주는 모습이 눈에 들어왔다. 호기심이 생겨 "내 머리도 묶어줄 수 있어?"라고 물으니 수줍은 미소와 함께 고개를 끄덕였다. 살짝 긴장한 채로 나무 의자에 앉아 머리가 완성되기를 기다렸다. 당시 내 머리는 단발 기장이라 쉽게 땋기 어려웠으나, 앞머리까지 야무지고 촘촘하게 땋는 그 솜씨에 감탄하며 엄지를 들

어 올렸다. 등 뒤로는 물이 흐르는 듯한 산맥과 가축 떼가 보였고, 그 옆에는 짧은 다리를 끌며 말에 올라탄 우스코가 있었다.

'세상에 이토록 낭만적인 미용실은 없을 거야.'

'언제 다시 이런 대자연과 말들 사이에서 머리를 해보겠어?'

감탄하는 사이 머리가 완성되었다. 예상했던 것보다 더 정교하고 완성도 높은 헤어스타일에 기분이 좋아졌다. 곁에 있던 유진 언니가 말했다.

"지금 완전 몽골인인데?"

"센베노."

이렇게 아름답게 머리를 할 줄 알았다면 아침에 화장이라도 했을 텐데. 아쉬움이 있었지만 이대로도 충분히 만족스러워 기념사진을 남기기로 했다. 말 두 마리를 배경으로 당당히 포즈를 취하니 화보의 한 장면 같았다. 사진 하길 참 잘했다. 사진 찍는 남편 만나 몽골에 오길 참 잘했다.

✦ 체험 삶의 현장 유목민 편, 소젖 짜기 체험

어느새 해는 산맥 끝에 매달려 사라질 준비를 하고 있었다. 아이들 몸만 한 은색 통 두 개를 손에 쥐고 어딘가로 향하는 어르길 어머니의 뒤를 따라 발걸음을 옮겼다. 목적지는 우사였다. 나무로 만든 작은 울타리 안에는 어린 송아지들이, 울타리 밖에는 성우 예닐곱 마리가 자리하고 있었다. 유목민은 그리 풍족하지 않을 것이라 생각하지만, 실상은 도시 거주 몽골인들보다 수입이 높다고 한다. 당연한 이치였다. 마당에 염소와 양이 눈에 보이는 것만 300여 마리에, 소 또한 일곱 마리나 보유하고 있으니. 옛날 우리나라 같았어도 부자일 텐데, 왜 유목민은 가난하다고 생각한 걸까.

몽골에서 동물의 젖을 짜는 일은 여성의 일이고 가축을 몰고 잡는 일은 남자의 일이라, 아쉽지만 소젖 짜기 체험은 여자인 나, 현지 언니, 유진 언니만 할 수 있었다. 본격적으로 젖을 짜기 전에 몇 가지 과정을 거쳤다. 첫째, 울타리 안의 송아지를 꺼내어 바깥에 묶어둔다. 둘째, 어미 소의 젖을 송아지에게 물린다. 이렇게 한 이유는 엄마 소는 새끼 소의 곁을 떠나지 않아 조금 더 수월하게 젖을 짤 수 있기 때문이다. 송아지가 어미 소의 젖을 약간 빨아 젖문을 열어주면 젖이 더 잘 나온다고 한다. 새끼가 감칠맛이 날 정도로 젖을 먹으면, 다시 어미와 분리하고 착유를 시작한다.

어르길 어머니는 어느새 의자에 앉아 신들린 듯한 손놀림으로 소젖을 마사지하며 우유를 쏟아내고 있었다. 손놀림 한 번에 정수기에서 물이 나오듯 젖이 쏟아져 나오는 광경은 경이로웠다. 처음 짠 젖을 우리에게 맛보라며 건넸다. 마켓에서 구입한 우유와는 전혀 다른, 자연 그대로의 날것 맛이었다. 고소함보다는 비릿한 풍미가 강했다. 숙련된 조교의 시범이 끝나고 내 차례가 왔다. 긴장감이 감돌았다.

"후우-" 심호흡을 크게 한 뒤, 방금 목격한 대로 소젖을 야무지게 조몰락조몰락 마사지하기 시작했다. 처음 겪는 내 손길이 낯설었는지, 아

니면 만족스러웠는지 어미 소는 커다란 배설물을 투하했다. 덕분에 시작도 하기 전에 소똥 세례를 받고 말았다. "영차영차!" 예상보다 훨씬 강한 악력으로 젖을 짜보았으나 허사였다. '누군가의 일이 쉬워 보인다면, 그 사람은 고수다'라는 격언을 절실히 체감하는 순간이었다. 비틀 듯 짜야 한다는 조언을 따랐으나 역부족이었다.

"선수 교체 신청합니다."

유진 언니와 현지 언니도 차례로 도전했으나 성공하지 못했고, 결국 어르길 어머니의 수제자인 딸들에게 임무가 넘어갔다. '서당개 삼 년이면 풍월을 읊는다'는 속담이 헛되지 않음을 보여주듯, 어머니보다는 미숙하나 놀랍게도 소젖이 쏟아져 나오기 시작했다. 우리는 기립 박수와 갈채를 보냈다.

✦ 마지막 캠프파이어

어느덧 게르에는 어둠이 내려앉았다. 유목민 게르에서 보내는 마지막 밤. 벌써 끝이라니 시간에 날개라도 달린 듯했다. 이대로 마무리하기엔 아쉬움이 밀려와 이곳 아이들과 함께 캠프파이어를 계획했다. 불을 피우기 전, 우리는 바람을 막아줄 돌과 땔감을 찾아 사방으로 흩어졌다. 하나하나 모아 온 돌들을 모아 불턱을 만들었다. 말라 있는 소와 말들의 똥과 주변에 있는 나뭇가지들을 모두 모아 불을 붙였다. 그리고는 한국에서 가져온 비장의 무기를 꺼내 불길 위로 사뿐히 뿌렸다. "우와!" 몽골인과 한국인 할 것 없이 모두가 탄성을 내뱉은 그 정체는 바로 '오로라 가루'였다. 캠핑 애호가들에게는 익숙한 물건이지만, 이곳에서 처음 마주한 이들은 오묘하고 신비로운 에메랄드빛으로 변한 불꽃에 감탄을 금치 못했다. 설명서에는 봉투째 불에 던지라 쓰어 있었으나, 여운을 길게 간직하고 싶은 우리는 조금씩 아껴가며 불 위로 솔솔 뿌리며 마지막 순간이 늦게 오기를 소망했다.

"떠나기 싫다 정말."

마음만 먹으면 이곳에서 평생을 살 수도 있을 것 같다는 생각이 들었다. 소젖을 능숙히 짜지 못하고 양도 잡을 줄 모르는 나지만, 인간은 적응의 동물이 아닌가. 이곳에 오기 전까지만 해도 유목민의 삶이 고단하고 힘들기만 할 것이라 막연히 단정했었다. 그러나 실제로 체험한 그들의 삶은 여유와 평온함이 가득했으며, 걱정과 고민을 안고 하루하루를 살아가는 현대인들보다 몇 배는 더 행복해 보였다. 물론 그들에게도 우리가 상상하지 못할 고단함이 분명 존재하겠지만, 이러한 자연 속이라면 그런 고단함쯤은 훌훌 털어버릴 수 있는 먼지 정도의 무게가 아닐까 생각해 본다.

화려하게 타오르던 불은 어느새 새카맣게 타버려 흔적만이 남았다. 불이 꺼짐과 동시에 다시 찾아온 고요함은 '여기까지 오느라 수고했다고 우리 다시 또 만나' 하며 오로라 가루를 뿌린 불보다 더 영롱하고 아름다운 은하수와 별똥별을 선물해 주었다. 너 나 할 것 없이 눈을 살포시 감고 손을 모아 마지막 소원을 하나씩 빌어본다.

'다시 또 이곳에 올 수 있게 해주세요. 이들에게 역경과 고난이 비켜가길, 행복만 가득하길 바라요.'

어디선가 타닥타닥 발자국 소리가 들리더니 양과 염소들도 우리의 마지막 순간을 함께해 주었다. 길을 잃은 덕분에, 마음껏 헤맨 덕분에 상상하지 못했던 순간들을 과분하게 선물 받은 시간이었다. 살면서 고단해지고 감당하기 힘든 일들이 닥칠 때, 지금 이 순간을 떠올리면 언제 그랬냐는 듯 입가에 미소가 번질 것 같은 시간이었다.

화려했던 밤이 물러가고, 새로운 아침이 찾아왔다. 이제는 정말 떠나야 할 시간. 단 3일이란 짧은 시간 동안 이토록 정이 들 수 있다는 것이 믿기지 않을 정도로 마음이 무거웠다. 오늘 우리가 떠난다는 것을 아는지 모르는지 어르길은 어제와 같이 해맑기만 했다. 짧은 시간 동안 과분한 온정을 받아, 대가 없이 주는 사랑을 모두 받아도 되는지 그저 미안하고 고마울 따름이었다. 언젠가 꼭 다시 만날 날을 기약하며 내가 부릴 수 있는 작은 재주를 꺼내 그들의 가족사진을 찍어주었다. 안녕은 영원한 헤어짐이 아님을 알기에, 아쉬움은 눈덩이처럼 불어났지만 내색하지 않고 우리는 다시 길을 떠났다.

몽골인들의 휴양지,
홉스골

✦ 제주도에 살아서 호수는 별로 안 궁금해요

　태어난 곳은 거제도, 현재 살고 있는 곳은 제주도이다. 인생의 반 이상을 물가에 살아 '더 이상 물가는 궁금하지 않다'고 생각하고 '몽골에서까지 굳이 호수 여행을 하고 싶지 않다'고 단단히 마음먹었던 나였다. 하지만 2018년부터 아미는 몽골의 최고 풍경은 '홉스골'이라며 "나 믿고 딱 한 번만 가자"고 열심히도 나를 꼬드겼다. '그래, 현지인이 이렇게까지 극찬할 정도라면 분명 다른 무언가 있겠지!' 팔랑귀인 나를 꼬드기는 건 그리 어려운 일은 아니었다.

　2019년 8월, 첫 서몽골 여행을 마치고 우리 일행은 모두 홉스골로 향했다. 덜컹이는 차에 몸을 맡기고 홉스골 근처 가장 큰 마트가 있는 '무릉'에 도착했다. 제주도에 있는 웬만한 마트의 규모보다 커다란 '노민'을 보고 놀라움을 감출 수가 없었다. 오토바이부터 텔레비전, 냉장고, 캠핑용품, 없는 것 빼고 웬만한 건 정말 다 있었다. "여기 코스트코세요?" 몽골에 이마트가 들어오기 전에는 가장 많은 사랑을 받은 마트다. 물론 지금도 현지인들에겐 이마트보다 노민이 더 저렴해 인기가 많다.

오늘도 헤비 쇼핑러는 쇼핑 카트를 넘칠 정도로 채우다 일행들에게 제지당했다. 평소 '모자라느니 남는 게 낫다'가 지론인데, 이곳에서도 신념은 변함이 없었다. 막상 홉스골에 도착하니 더 구매하지 못한 걸 후회했다. 그러니 무릉 노민에 들른다면 주저하지 말고 넉넉히 쇼핑할 것을 권한다. 홉스골은 예상보다 비싼 가격과 좋지 못한 퀄리티가 기다리고 있으니 말이다. 관광지 프리미엄은 어느 나라를 가든 변하지 않는 불문율이다.

"오늘 저녁은 피자야!"

듣던 말 중 가장 반가운 말이었다. 서몽골에서 생고생을 하고 온 후라 그런지 피자라는 단어만으로도 심장이 요동치기 시작했다. 노민 2층에 있는 푸드코트에서 만난 피자는 거짓말 조금 보태서 한 조각으로

얼굴을 가릴 수 있을 만큼 크고 푸짐했다. 흡사 코스트코 피자 같다. 이곳이 몽골의 코스트코임이 피자로도 증명되는 셈이었다. 재료도 아낌없이 들어가고 몽골 치즈의 맛은 두말할 나위 없다. 이날 이후 흡스골에 들를 때마다 빠짐없이 들르는 미스차 방앗간이 되었다. 피자까지 야무지게 해치우고 이동하니 캄캄해진 밤에야 숙소에 도착할 수 있었다.

오늘도 이동으로 하루를 소진한 모두는 지쳐 잠자리에 들고자 했으나, 흡스골은 일교차가 심해서인지 체감상 타왕복드보다 춥게 느껴졌다. 실제로도 그러했다. 감기와 친구 하기 싫다면, 오늘 밤 불침번을 뽑아야 한다. 몽골 게르의 유일한 난방 기구는 바로 화목 난로이다. 화로에 불이 꺼지는 순간 아늑함은 저 멀리 사라지고 냉탕에서 잠을 자는 고난을 겪게 된다. 블로그 글에서 볼 때는 2~3시간마다 장작을 넣어주면 된다고 했지만, 실제로 우리가 겪은 화목 난로는 그렇게 느긋한 성격이 아니었다. 거의 30분~1시간 텀으로 장작 두세 개를 넣어주지 않으면 가차 없이 따뜻함을 거두어 갔다. 유목민의 삶은 부지런하지 않으면 살아남을 수가 없다는 걸 이곳에서 다시 한번 깨달았다. 그래도 타닥타닥 난로 소리를 ASMR 삼아 잠드는 기분은 생각 이상으로 아늑했다. 우리의 아늑함을 위해 새벽 4시까지 장작을 넣다 지쳐 잠들어 버린 사람은 남편이었다. 이 책을 빌려 감사를 전한다.

✦ 몽골인들의 휴양지 홉스골

　홉스골은 여행객뿐 아니라 현지인들에게도 각별한 사랑을 받는 휴양지다. 몽골인들의 신혼여행지로 가장 선호되는 곳이라 알려져 있다. 총면적 2,760㎢로 제주도의 약 1.5배, 서울시의 5배에 달하는 이 거대한 호수는 명칭만 호수일 뿐, 웬만한 바다만큼 방대하며 민물 호수 중 최대 규모와 깊이를 자랑한다.

　아침이 찾아오고 게르 문을 열자 어머니의 호수에 돌 부딪히는 소리가 우리의 의식을 선명하게 깨웠다. 하늘의 별보다 반짝이는 윤슬은 덤이었다. '아침 해가 빛나는 끝없는 바닷가'가 바로 이곳이었다. 양끝을 가늠할 수 없을 만큼 광활하고 그림 같은 풍경이 펼쳐졌다. 호수 앞에서 물멍에 빠져 있는 동안, 어디선가 야크 떼가 나타나 여유롭게 호수를 즐겼다. 호수 물을 마시기도 하고 몸을 담그며 유유자적 노닐기도 했다. 야크들이 화장실로도 사용한다니 식음용으로는 피하는 것이 현명하겠으나, 현지인들은 식수로도 활용한다고 한다.

　물멍과 함께 야크의 아침 일상을 감상한 후, 숙소 뒤편의 숲을 산책

하기로 했다. 사막화가 70% 이상 진행된 몽골의 다른 지역과 달리, 홉
스골에서는 울창한 숲을 쉽게 만날 수 있다. 이곳을 여행하면 고비사막
과 같은 나라인지 의심스러울 정도로 다른 풍경을 누릴 수 있다. 숲속
에는 우리 어머니 세대의 추억처럼, 나무 사이사이 빨랫줄에 형형색색
이불과 옷가지들이 일광욕을 즐기고 있었다.

　마당에 있는 놀이터를 바라보니 아침 햇살을 고스란히 만끽하며 그
네를 타고 있는 현지 아이들이 눈에 들어왔다. 이런 평화를 그냥 흘려
보낼 수는 없지. 어린아이들 틈을 비집고 함께 그네에 올라탔다. 여유
를 만끽하던 중 아침 식사를 알리는 아미의 목소리가 들려왔다. 일행과
함께 식사동으로 향했다. 아침 식사는 변함없이 적당히 구운 빵에 쨈을

없고 수태차나 허브차를 곁들이는 메뉴였다. 홉스골의 아침은 다소 쌀쌀했지만, 따뜻한 차는 밤새 얼어붙은 몸을 녹이기에 충분했다. 몽골인들이 차를 즐겨 마시는 이유를 이해할 수 있는 순간이었다.

가벼운 아침 식사 후 모닝 승마를 즐겨보기로 했다. 양옆으로 펼쳐진 '어머니의 바다'를 가로지르며 하얀 백마를 타고 홉스골 풍경을 누비는 기분은 상상 이상으로 짜릿하고 설렜다. 마치 바다 한가운데를 가로질러 세상 끝까지 도달할 수 있을 듯한 해방감이 밀려왔다. 이 순간을 보여주고 싶어 아미는 무던히도 나를 꼬드겼나 보다. 경험하지 않은 것을 섣불리 판단하는 나쁜 습관을 고쳐야겠다고 다짐한 순간이었다. 내가 지금까지 경험한 것들은 앞으로 만날 세상에 비하면 새 발의 피에 불과할 테니.

✦ 홉스골에선 동심의 세계로 떠나보세요

몽골에 오면 아주 쉽게 동심의 세계로 돌아갈 수 있다. 데이터가 약해 문명과 멀어지니 자연스럽게 주변의 사소한 것들로 어린 시절의 놀이를 떠올리게 된다. 그중 하나가 바로 물수제비다. 특별히 생각해서 하는 놀이라기보다, 물가에 가면 대부분의 남자는 본능적으로 매끈한 돌을 집어 들고 5살 아이처럼 해맑게 물수제비를 하며 경쟁을 벌인다. 물 위에서 돌을 가장 많이 튕긴 이는 자신도 모르게 어깨를 으쓱하며 그 순간 무리의 우두머리가 된 듯한 착각에 빠진다. 물수제비를 잘하지 못하는 나는 그저 이 장면을 지켜보는 것만으로도 충분히 흥미로운 시간을 보낼 수 있었다.

아미와 남편 창규는 띠동갑 차이가 났지만, 이런 순간만큼은 어린 시절부터 함께한 친구처럼 죽이 잘 맞았다. 물수제비로는 성에 차지 않았는지, "수영을 해볼까?"라는 의견이 나왔다. 기온은 18도, 바다도 아닌 호수라 수온은 더욱 낮았다. 실제 기온보다 체감 온도는 더 낮게 느껴졌다.

"이거 들어가면 무조건 감기 각이겠는데?"

"감기에 걸리면 또 어떤가?"

"언제 홉스골 호수에 몸을 담가 헤엄을 쳐보겠는가?"

누가 먼저라 할 것 없이 일행들 모두 호수 안에 들어갔다. 상상하던 것 이상으로 물은 차갑고 얼음장 같았지만, 청춘이라는 이름으로 무장한 우리는 이 정도 추위쯤은 아무것도 아니었다. 그저 지금 이 순간 홉스골 호수를 정복했다는 사실에 취해 있었다. 물이 너무 맑아서 속이 훤히 들여다보였다. 바닥에 있는 돌 위로 윤슬이 보일 정도였다. 하지만 청춘의 열정은 그리 오래 가지 못했다. '심장마비가 오기 전에 얼른 나오는 것이 현명하겠다'는 결론을 내렸다. 물에서 나온 우리는 돌 위에 누워 몸을 말리며 평온한 시간을 보냈다.

어느덧 하늘은 분홍빛으로 물들어 갔다. 2019년의 몽골 여행은 이상하리만큼 일몰 운이 없었다. 하루 종일 맑다가도 해 질 무렵이면 구름이 몰려와 태양을 삼켜버리기 일쑤였다. 그러나 9일 만에 마주한 이 일몰은 하늘을 붉게 물들이며 장관을 연출했다. 때마침 한국에서도 폭풍전야 같은 비슷한 일몰이 펼쳐져 친구들의 SNS가 일몰 사진으로 가득했다. 멀리 떨어져 있지만 같은 하늘 아래 있다는 느낌이 묘하게 들었다. 홉스골에서 맞이한 첫 일몰은 그렇게 특별한 순간으로 기억되었다.

✦ 스위스 뺨치게 아름답던 승마 트레킹

　오늘도 어김없이 야크 산책하는 소리에 눈을 떴다. 평화로운 홉스골의 아침이었다. 어제의 승마 여운이 채 가시기도 전에, 오늘은 산으로 승마 트레킹을 떠나기로 했다. 1시간짜리 승마가 그저 가벼운 커피 한 잔이라면, 오늘의 트레킹은 깊고 진한 TOP 커피 같은 여정이었다. 차를 타고 10분쯤 달려 마부 아저씨 댁에 도착했다. 드넓은 초원 한가운데 아담한 게르 한 채가 자리 잡고 있었고, 마당에는 나무 기둥에 줄지어 묶인 말들이 서 있었다. 그 옆에는 빨간 조끼를 입은 개구쟁이 같은 소년이 있었는데, 마부 아저씨의 아들이라고 했다. 놀랍게도 우리가 아침마다 보던 수많은 야크가 모두 이 집의 것이라고 했다. 그 야크들의 산책 코스 중 하나가 바로 우리가 머무는 숙소 앞이었다. 마부 아저씨와 아미는 심사숙고하여 서로 케미가 잘 맞을 것 같은 말과 사람을 골라 짝을 지어 주었다. 나의 한심한 승마 실력을 고려해 나는 오늘도 저 거의 손에 이끌려 말을 타기로 했다. 모양이 좀 빠지면 어떠한가, 안전이 최고다.

정상에서 말과 함께 인생 사진을 남기겠다는 마음에 하얀 원피스에 기모 스타킹을 신고 나섰는데, 크나큰 실수였다. 바지를 한 장 더 챙겼어야 했다. 몽골 말의 안장은 한 번 묶으면 좀처럼 풀지 않기 때문에 그만큼 편안함과는 거리가 멀었다. 세월의 풍파를 고스란히 맞았다. 내 사타구니의 안녕을 전혀 고려하지 않은 패션 초이스였던 것이다. 그러니 승마를 할 때는 꼭 두툼한 바지를 챙기자. 오늘의 트레킹은 왕복 2시간. 사타구니는 조금 불편했지만, 들뜬 기분에 콧노래를 흥얼거리며 말을 타고 나아갔다. 얼마 가지 않아 돌산처럼 깎아지른 언덕 위에 양 한 마리가 보였다. '설마 저길 가는 건 아니겠지?' 싶었지만, 예상은 빗나가지 않았다. 까딱하면 떨어질 것 같은 아찔한 길에 카메라도 가방 속에 넣고, 깎아지른 산을 곡예하듯 올랐다.

두려움도 잠시, 홉스골이 한눈에 내려다보이는 평원에 도착했다. 스위스의 풍경과 견주어도 손색이 없는 절경이었다. 말에서 내려 끝없이 펼쳐진 홉스골 호수를 바라보자, 입이 절로 벌어졌다. '여러분, 왜 스위스에 가세요? 홉스골이 있는데!' 아시아에도 유럽 못지않은 풍경이 이렇게나 많다. 하지만 홉스골의 아름다움은 아직 국내에 제대로 알려지지 않았다. 그러니 직접 와보시라. 지금 내가 하는 말이 단번에 이해될 테니.

우리가 풍경을 감상하는 동안, 마부 아저씨는 담배를 한 대 태우며 말들과 함께 여유롭게 쉬고 있었다. 그리고 동화에서 튀어나온 듯한 백마를 그냥 지나칠 수 없었다. 냅다 끌어안고 사진을 남겼다. 늘 꿈꾸던 순간이었는데, 이곳에서 그 꿈을 모두 이루고 있었다. 아쉽지만 이제는

하산할 시간. 초록빛 숲을 헤치며 말을 타고 언덕을 내려가니, 잠시 풀을 뜯는 말들의 모습에서는 요정이라도 튀어나올 것 같은 신비로움이 느껴졌다.

이렇게 나는 오늘도 홉스골과 사랑에 빠졌다. 숙소가 가까워졌음을 느낀 걸까, 말들이 속도를 높이기 시작했다. 예상보다 빠른 움직임에 겁이 난 나는 결국 하차를 선택하고, 30분 정도를 걸어가기로 했다. 한 걸음 한 걸음 내디디며 만끽한 홉스골의 풍경은 '느림의 미학'을 온전히 느낄 수 있었다.

✦ 소원의 섬보다 페어리의 숲

점심 식사 후 숙소에서 잠시 쉬고 있는데, 일행들이 보트 타러 가자며 하나둘 모이기 시작했다. 홉스골에는 소원을 빌면 이루어진다는 전설이 깃든 장소가 있는데, 바로 오늘의 목적지 '소원의 섬'이었다. 나무로 된 선착장에서 기다리자, 소원의 섬을 왕복하는 작은 보트가 도착했다. 구명조끼를 착용한 뒤 보트에 올라타자, 천천히 출발하던 보트는 어느새 속도를 높이며 호수를 가르기 시작했다. 선장님은 약간의 스릴을 더하기 위해 곡예 운전을 선보였고, 예상보다 짜릿하고 시원한 경험이었다. 호숫물이 조금 튀는 건 재미를 위해 감수해야 하는 부분이었다. 약 10분 정도 지나자, 소원의 섬이 눈앞에 펼쳐졌다. 먼저 도착한 관광객들이 이미 작은 섬을 가득 메우고 있었다. 외국인뿐만 아니라 현지 여행객들도 상당히 많았다. 보트는 계속해서 섬으로 들어왔고, 그 덕에 이곳을 둘러볼 수 있는 시간은 15~20분 정도로 제한적이었다.

바윗길을 따라 정상에 오르면, 홉스골 호수의 중심에서 주변 풍경을 한눈에 조망할 수 있다. '어머니의 바다'라 불리는 호수답게 갈매기 몇

마리가 유유히 날아다니는 모습도 보였다. 바윗길 끝에는 돌탑이 쌓여 있었고, 이곳에 작은 돌을 하나 올려놓고 시계 방향으로 돌며 소원을 빌면 이루어진다고 전해졌다.

마음을 모아 조용히 소원을 빌려던 그 순간, 아미가 툭 던졌다.

"여기서 소원 빌어도 안 이루어져."

아미는 T(현실주의자)임이 분명했다. 물론, 우리 모두 알고 있었다. 이곳에서 소원을 빈다고 해서 정말 이루어지는 것은 아닐 거라는 사실을. 하지만 이런 순간조차 여행의 낭만 아니겠는가. 소원의 섬은 규모가 크지 않음에도 관광객이 끊이지 않는 곳이라 그런지, 물건을 파는 상인들도 종종 보였다. 그러나 다른 나라의 관광지처럼 호객행위를 하는 모습은 거의 찾아볼 수 없었다. 형형색색의 팔찌, 동물 뼈로 만든 오카리나, 소원의 섬 마그넷 등을 판매하고 있었지만, 딱히 필요해 보이는 물건은

없었다. 우리는 서둘러 섬을 내려가 돌아갈 준비를 했다.

　보트를 기다리던 중, 살짝 지루해진 일행들과 함께 선착장 왼편으로 걸어가 보았다. 그리고 곧 깨달았다. 이곳이야말로 '히든 스팟'이라는 것을. 세월을 짐작하기 어려울 정도로 오래된 유목들이 여기저기 널려 있었고, 그 옆에는 호숫가를 감싸안은 듯한 나무숲이 자리하고 있었다. 마치 밤이 되면 요정들의 축제가 펼쳐질 것만 같은, 신비로운 분위기의 공간이었다. 2023년 여름에 다시 방문했을 때 이곳엔 말 한 마리가 묶여 있었는데, 마치 판타지 영화 속 한 장면처럼, 몽환적이고도 비현실적인 풍경이 눈앞에서 펼쳐졌던 기억이 선명했다. 그러니 만약 소원의 섬을 방문한다면, 소원을 들어주지 않는 섬 위에서 시간을 보내기보다 풍경으로 사람을 홀리는 선착장 왼쪽을 찾아가 보는 것도 훌륭한 선택이 될 것이다.

✦ 몽골의 마지막 유목민 차탕족

게르 밖에서 유난히 북적이는 소리가 들려 나가보니, 마당에서 낯설고도 흥미로운 광경이 펼쳐지고 있었다. 바로 '방문 판매'였다. 텔레비전이나 영화에서만 보던 장면을 이렇게 직접 경험하다니, 그저 신기할 따름이었다. 게르 앞에 돗자리를 깔고 그 위에 직접 만든 핸드메이드 제품들이 가지런히 놓여 있었다. 형형색색의 캐시미어 목도리부터 양말, 모자까지… 생각보다 쌀쌀한 홉스골의 날씨를 간과한 여행자들에게 더없이 유용한 아이템들이었다. 이곳의 제품들은 고비 캐시미어 같은 대형 브랜드보다 품질이 다소 떨어질 수 있지만, 훨씬 합리적인 가격과 다채로운 색감, 독특한 패턴을 자랑했다. 특히 수족냉증이 있는 여행자들에게 필수템이라 할 수 있는 야크 양말은 단 만 투그릭(한화 약 4천 원)에 구입할 수 있었다. 또한, 낙타, 야크 등 다양한 동물 모양의 펠트 인형과 이곳에서만 만나볼 수 있는 순록 인형도 판매 중이었다.

홉스골에는 몽골의 마지막 유목민이라 불리는 '차탕족'이 살고 있다. 전통적인 생활방식을 유지하며 순록을 키우는 이들은 깊은 산속에서 생활하기 때문에 쉽게 만날 수 없지만, 관광업에 종사하는 일부 차탕족은 홉스골 호수 근처에서도 볼 수 있다. 다른 지역에서는 좀처럼 보기 어려운 순록 인형이 이곳에서만 판매되는 이유도 바로 그 때문이다. 홉스골 입구로 들어오다 보면 한가득 천막이 늘어서 있는데, 이곳이 바로 '홉스골 야외 기념품 숍'이다. 주말이나 오일장처럼 특별한 날에만 열리는 마켓이 아니라 6~8월 여행 성수기 동안 매일 오후부터 저녁 8시까지 운영되는 여름 한정 마켓이다. 가방부터 키링 장식품 등 다른 곳에서 만나지 못한 물건들도 많이 있으니, 홉스골에 온다면 이곳을 반드시 들르는 걸 추천한다.

이곳에서는 차탕족도 만나볼 수 있다. 차탕족은 일반적인 몽골 유목민처럼 게르에서 생활하지 않고, 나무로 만든 '오르츠'에서 지낸다. 오르츠는 북미 원주민의 티피 텐트와 비슷한 모양을 하고 있으며, 홉스골 야외 시장에서도 어렵지 않게 찾아볼 수 있다. 마켓 한쪽에 오르츠와 함께 순록들이 보인다면, 바로 그곳이 차탕족 문화를 경험할 수 있는 곳이다. 실제로 눈앞에서 마주한 순록은 생각보다 훨씬 크고, 그 뿔은 더욱 화려했다. 하얀 순록, 갈색 순록, 얼룩무늬 순록이 뒤섞여 한곳에서 손님을 맞이하고 있었다. 순록들이 밟고 있는 땅에는 배설물이 여기저기 섞여 있으니, 아끼는 신발을 신고 방문할 계획이라면 갈아 신을 것을 권한다. 순록과 기념사진을 찍고 싶다면 소정의 비용을 지불해야 하지만, 그만한 가치가 있는 경험이었다.

조금 더 특별한 기억을 남기길 원한다면 의상과 헤어 액세서리도 대여할 수 있다. 일행들과 삼삼오오 모여 서로에게 어울릴 법한 착장을 골라 하고 여유로이 쉬고 있는 순록들 사이에 껴 차탕족이 된 듯한 기분에 사로잡혀 본다. 순록들도 온순한 편이라 등을 어루만지거나 뿔을 만지며 사진을 찍어도 무리가 없었다. 화려한 의상을 입고 순록과 함께 사진을 찍다 보면 다소 우스꽝스러운 모습이 연출될 수도 있다. 하지만 그러면 또 어떤가. 이 또한 언젠가 떠올리면 미소가 지어질, 청춘의 한 페이지인 것을.

✦ 이번엔 겨울 몽골로 떠나요

언젠가부터 마음 한구석에 몽골 사진집을 만들고 싶다는 욕망이 자리 잡고 있었다. 하지만 평범한 것을 병적으로 거부하는 나인지라, 많은 사람이 경험한 여름 몽골의 풍경만으로는 뭔가 부족하다는 생각이 들었다. 겨울 몽골까지 다녀온 후에야 사진집을 완성하겠노라, 스스로와 조용한 약속을 나눴다. (겨울 몽골을 세 번 다녀온 지금도 사진집 소식은 감감무소식이다) 하지만 겨울 몽골은 혹독한 추위로 악명이 높은 곳. 걱정이 이만저만이 아니었다. 울란바토르에 있는 칭기즈칸 공항은 전 세계에서 가장 추운 공항으로 꼽히고, 영하 30도를 웃도는 날씨는 그곳의 일상이었다. 그렇게 몇 년을 추위를 핑계 삼아 망설이고 있던 어느 날, 다큐멘터리에서 '자르갈란트'를 보게 되었다. 홉스골에서 차로 운이 좋으면 7~8시간 안에 갈 수 있는 영하 50도에도 얼지 않는 강이 있는 곳, 이곳이야말로 겨울 왕국 그 자체였다. 드디어 동장군도 도망칠 것 같은 몽골의 추위를 이겨낼 이유가 생겼다. 나는 더 이상 망설이지 않고 항공권을 결제했다. 동행을 알아보기 위해 '러브몽골'을 기웃거리려고 하

자 남편이 말했다.

"이번 여행은 사진에만 집중하고 싶어. 우리끼리 가자."

"소수로 못 갈 것도 없지."

남편과 나, 그리고 사진작가인 동원 오빠, 총 세 명이 겨울 몽골로 떠나기로 했다. 그동안 숱한 몽골의 경험이 있어 준비도 그저 무난할 거라 생각했다. 그건 오산이었다. 겨울 몽골 여행 준비는 여름 몽골과는 차원이 달랐다. 평균 기온 영하 30도에 맞서기 위해선 일단 방한용품을 A-Z까지 준비해야 했다. 여행 경비보다 방한 준비 비용이 더 많이 드는, 말 그대로 배보다 배꼽이 큰 상황이었다. '사놓으면 언젠가 다 쓰겠지'란 합리화를 거쳐 과감히 투자하기로 했다. 그리고 아미를 통해 미리 겨울용 델도 각자 주문해 놓았다. 만반의 준비를 끝냈으니, 이제 떠날 일만 남았다.

2023년 1월 29일. 드디어 첫 겨울 몽골행 비행기에 몸을 싣는 날. 제주에서 인천공항으로 가는 길, 버스 기사님들이 한결같이 물었다.

"도대체 어느 나라에 가길래 짐이 이렇게 많아요?"

사진쟁이들만 떠나는 여행이어서 그런지 제일 가벼운 카메라 가방 무게가 7.8kg, 혹독한 추위에 겁을 잔뜩 먹은 나머지 핫팩만 10kg을 준비해 온 우리였다.

코로나가 잠잠해진 지 얼마 지나지 않은 시점이라 그런지, 인천공항은 한산했다. 겨울 몽골행 항공사 카운터도 한적할 거라 예상했지만, 막상 도착해 보니 박스째 짐을 싸 온 몽골 현지인들로 장사진을 이루고 있었다. 한국인은 우리 셋뿐이라 해도 과언이 아닐 정도였다. 덕분에 비행기 수속을 마치는 데만 1시간이 넘게 걸렸다. 그러니 겨울 몽골을 계획하고 있다면, 공항에는 반드시 서둘러 도착해야 한다.

그동안 숱하게 찾은 몽골이지만, 겨울이라는 계절에 간다는 이유 하나만으로 처음 몽골행 비행기에 몸을 실었던 때와 같은 설렘이 온몸을 감쌌다. 평생을 남쪽에 살아서 눈과 인연이 없는 나였기에, 실시간으로 설국으로 변하는 비행 풍경은 나를 감동시키기에 충분했다. 하늘에서 보는 산맥들은 빵 위에 슈거 파우더를 솔솔 솔 뿌려 놓은 것만 같았다. 그야말로 한입 베어 물고 싶어지는 풍경. 창문에 바짝 붙어 감탄하는 사이, 세 시간 반의 비행이 쏜살같이 지나갔다.

그리고 마침내, 우리는 다시 울란바토르에 도착했다.

✦ 울란바토르의 혹독한 겨울

짐을 찾고 공항을 빠져나오자, 우리를 픽업하러 온 동호가 반갑게 손을 흔들고 있었다. 여름에도 봤던 터라 익숙한 얼굴이었지만, 오랜만의 재회에 방방 뛰며 인사를 건넸다. 그런데 마스크 때문인지 처음엔 우리를 못 알아보는 눈치였다. 순간 살짝 민망해졌지만, 곧 하이파이브를 나누며 반가움을 표현했다.

주차장으로 향하는 길. 드디어 마주한 몽골의 첫 겨울 공기였다.

"뭐야 생각보다 안 춥잖아?"

체감상 서울의 공기와 크게 다르지 않았다.

울란바토르 시내로 들어가는 길, 눈 덮인 초원 위로 덩그러니 놓인 초록 지붕의 집이 너무 아름다워 연신 셔터를 눌렀다. 그런데 그 풍경 너머로, 구름이라고 하기엔 지나치게 짙고 검은 연기가 하늘을 뒤덮고 있었다.

"올해 매연 때문에 폐렴으로 아이들이 몇 명이나 죽었어."

믿기 힘든 이야기였다. 하지만 사실이었다. 울란바토르는 세계에서 가장 추운 공항이 있는 도시이자, 동시에 겨울이면 전 세계에서 대기질이 가장 나쁜 도시 1위로 꼽히는 곳이었다. 산을 뒤덮은 먹구름처럼 보이던 그것은 사실 공장에서 뿜어져 나오는 매연이었다. 혹한의 겨울, 난방을 위해 석탄을 때거나 각종 쓰레기를 태우다 보니, 하루 종일 매연이 도시를 뒤덮고 있었다. 그 심각성은 상상을 초월했다. 몽골인의 평균 수명이 대기 오염으로 인해 10년씩 줄어들고 있다는 사실이 상황이 얼마나 심각한지 느껴졌다. 그래서 현지에서도 여유가 있는 사람들은 겨울이면 울란바토르를 벗어나 공기가 좋은 시골로 떠난다고 했다.

매연을 뚫고 시내로 진입하자, 이번엔 심각한 교통 체증이 우리의 발목을 잡았다. 오후 5시 이후, 울란바토르의 도로는 말 그대로 '마비' 상태였다. 신호 체계도 엉망이고, 운전 스타일도 한국과 비교할 수 없을 정도로 과격했다. 혹시라도 이곳에서 운전을 해보고 싶다는 생각이 든다면, 그 마음은 고이 접어두는 게 좋다.

겨우 차에서 내려 짐을 풀고, 마트로 걸어가는 길. 그런데… 쾅!

꽁꽁 얼어버린 빙판길 위에서 그대로 미끄러져 엉덩방아를 찧고 말았다. 옆의 난간을 잡아보려 했지만, 이미 때는 늦었다. 눈이 쌓인 지 오래되어 길은 검게 변해 있었고, 바지와는 이곳에서 작별인사를 할 수밖에 없었다. 마트에서 귀여운 아이와 눈이 마주쳤다. 반가운 마음에 눈웃음을 지으며 인사를 건넸는데, 아이의 부모가 화들짝 놀라며 아이를 데리고 황급히 자리를 피하는 것이 아닌가. 영문을 몰라 당황하고 있던 차에, 아미가 조용히 속삭였다.

"마스크 때문인 것 같은데?"

　알고 보니, 이곳에서 마스크를 쓰는 것은 '코로나 확진자'라는 의미로 여겨지고 있었다. 그도 그럴 것이, 당시 몽골에서는 확진이 되어도 개인이 위생을 관리하는 방식이었고, 한국처럼 자가격리가 필수는 아니었다. 그런데 마스크를 착용한 외국인이 눈웃음을 지으며 다가오니, 부모 입장에서는 당황할 수밖에 없었을 것이다.

　그렇다고 해도, 울란바토르에서 마스크를 벗는 건 절대 포기할 수 없는 일. 콧구멍까지 까맣게 변하는 대기 오염 속에서 오해를 받더라도 마스크는 필수다! '마스크는 절대 포기 못해.'

✦ 아미의 고향 거르덕에서 눈밭에 빠지다

도착하자마자 영하 50도에도 얼지 않는 강이 있는 자르갈란트로 떠날 계획이었지만, 몽골은 언제나처럼 내 기대를 쉽게 들어줄 마음이 없어 보였다. 예년보다 따뜻한 날씨 탓에 푸르공이 얼음에 빠지는 사고가 종종 발생했고, 결국 우리는 홉스골로 떠나는 일정을 조금 더 미뤘다. 이번 여행은 기필코 자르갈란트를 보고 가겠다는 열정으로 예년보다 일주일 정도 여행을 여유 있게 온 것이 신의 한 수였다. 우리는 수도 근처에 있는 '날라이흐'라는 곳으로 행선지를 정했다. 인구가 4만 명 정도 되고, 울란바토르에서 36km 정도 떨어진 곳에 위치한 곳이었다.

날라이흐 광장에 도착하자, 마치 한국의 얼음 축제에서나 볼 법한 풍경이 눈앞에 펼쳐졌다. 광장 한가운데 얼음으로 만든 미끄럼틀이 덩그러니 놓여 있었고, 주변에는 얼음 조각상들이 세워져 있었다. 미끄럼틀 위는 현지 아이들로 인산인해였다. "이런 빅 재미를 놓칠 수 없지!" 하며 나도 덩달아 올라가려 했지만, 새까맣게 변한 아이들의 옷을 보고는 바로 미련을 버렸다. 미끄럼틀은 못 탔지만, 꺄르르 소리를 내며 재밌

게 놀고 있는 아이들 틈에 껴 꽁꽁 얼어붙은 날라이흐 광장 위에서 신발로 미끄러지며 스케이트를 탔다. 아이들보다 더 신나 하는 날 보곤 더 신기해하는 아이들이었다.

잠시 동심을 체험한 뒤, 우리는 아미의 고향이자 그의 어머니와 누나가 살고 있는 거르덕으로 향했다. 차를 타고 가는 길, 빌라 단지가 보였는데 그곳의 소들이 눈을 먹으며 노는 모습이 무척 이색적이었다. 차로 5분쯤 더 달리자, 아미가 말했다.

"여름엔 여기서 물놀이도 하고, 바로 뒷산은 매일 동산 오르듯 놀았어."

말을 듣고 주위를 둘러보니, 정말 아무도 없는 하얀 설원이 펼쳐져 있었다. 그 순간, 심규선의 '우리는 언젠가 틀림없이 죽어요' 가사가 머릿속을 스쳤다.

"아무도 걷지 않은 눈의 융단을 그대여, 처음 밟은 적 있나요."

정말 아무도 없었고, 그 순간만큼은 위대한 자연이 온전히 우리만의 것이었다. 이곳은 우리가 처음 발자국을 남기는 순백의 세계였다. 하얀 설산 아래, 앙상한 가지들만 남은 나무들이 마치 수묵화 속 한 장면처럼 고요히 서 있었다. 설원 위를 걷는 소들의 모습은 그저 한 걸음 한 걸음 내디딜 뿐인데도 장관이었다. 소들의 목적지는 얼어붙은 강가였다. 갈증이 심한지 얼음 위를 핥으며 목을 축이고 있었다. 그 모습이 어쩐지 짠하게 다가왔다. 얼마나 목이 말랐으면, 주차된 우리의 차 문짝마다 한 마리씩 달라붙어 핥고 있을까. 몽골인인 아미조차 신기했는지 휴대폰을 꺼내 사진을 찍었다.

"안 춥다는 말 완전 취소".

목도리로 머리와 귀까지 꽁꽁 감쌌는데도, 틈 사이로 파고드는 칼바람은 막을 방법이 없었다. 볼과 코는 몽골 아이들처럼 새빨갛게 얼어붙었다. 시내보다 체감 온도가 훨씬 낮아, 살을 에는 바람 앞에선 그 어떤 방한 대책도 무용지물이었다.

하지만 추위도 내 사진에 대한 열정을 꺾진 못했다. 나는 아미가 어린 시절 뛰어놀았다는 뒷산으로 올랐다. 그저 '동네 뒷산'이라기에 가벼운 마음으로 올라갔는데, 펼쳐진 풍경은 그야말로 절경이었다.

"그래, 내가 이래서 몽골을 사랑하지."

정상에 올라 내려다보니, 방금 소들이 목을 축이던 얼어붙은 강이 한눈에 들어왔다. 광활한 설원이 눈앞에 펼쳐지는 순간, 마치 세상의 끝에 서 있는 듯한 기분이 들었다.

겨울 몽골에 와서 처음 밟아 본, 가득 쌓인 눈. 발이 푹푹 빠지는 느낌이 새로웠다. 예상과 달리 푸석푸석한 설질도 낯설었다. 습도가 낮아 눈이 전혀 뭉쳐지지 않았다.

"그래서 광장에도 눈사람 대신 얼음 조각이 있었던 걸까?"

그제야 모든 게 퍼즐처럼 맞아떨어졌다.

✦ 가정 방문 & 학교 방문

몸을 녹일 겸 아미의 어머니와 누나가 살고 있는 집에 들렀다. 방 안으로 들어서자마자, 한구석에 털이 벗겨진 채 꽁꽁 얼어 있는 양 한 마리가 눈에 띄었다. 이곳에서는 냉장고가 따로 필요 없었다. 바깥 기온이 곧 냉장고였다.

그때, 빨간 패딩에 하얀 털모자를 뒤집어쓰고, 핑크색 패딩 부츠를 신은 작은 여자아이가 조심스레 걸어 나왔다. 두세 살쯤 되어 보이는, 뒤뚱뒤뚱 걷는 모습이 한없이 사랑스러웠다. 아미의 조카, 이름은 '넘껴'. 과자를 사와 선물해 주었는데, 덕분에 넘껴의 마음을 여는 데 수월했다. 넘껴는 고사리손으로 귤까지 나눠주었다. 아이들이 자기가 가진 걸 나눠 준다는 건 어른이 가진 것을 나눠 주는 것보다 더 큰 의미로 다가온다. 그렇담 이모도 장기를 부려주는 수밖에. '졌다 뺏었다' 놀이를 하며 조금 더 환심을 사본다.

아미는 부엌에서 뭔가를 열심히 끓이고 있었다. 잠시 후, 국물에서 익숙한 냄새가 퍼져 나왔다. 한국에 없는 '김치찌개라면'이었다. 찬바람 잔뜩 맞은 다음엔 라면이 국룰이다. 국물을 한입 떠 넣는 순간, 미간에 주름이 저절로 찌푸려졌다. '아, 이 짜릿한 맛!' 추위가 단번에 녹아내리는 기분이었다.

"우리 학교 가볼래?"

아미가 졸업한 학교가 근처에 있다며 구경하자고 했다.

"학교에 그냥 막 들어갈 수 있어?"

"괜찮아."

'몽골의 학교라니!'

괜스레 긴장된 마음으로 입장했다.

시골 학교라 열악할 거라고 예상했지만, 막상 들어가 보니 우리나라와 크게 다를 게 없었다. 다만, 특이한 점이 있었다. 초등학교, 중학교, 고등학교까지 총 12학년이 한 건물에서 함께 수업을 듣고 있었다. 러시아나 중국과도 비슷한 방식이라고 했다. 또한, 학생 수에 비해 학교 건물이 부족해서인지 오전 반과 오후 반으로 나누어 운영되고 있었다. 칠판은 분필을 사용하고 있었고, 컴퓨터실도 따로 마련되어 있었다. 자리마다 컴퓨터가 놓여 있었는데, 꼭 내가 초등학교에 다니던 시절을 떠올리게 하는 풍경이었다. 키보드를 보니 영어가 아닌 러시아어가 적혀 있어 신기했다. 몽골은 키릴 문자를 사용하기 때문에, 러시아어 기반의 자판을 쓰는 것이었다.

컴퓨터실 한쪽에서는 우리나라의 과학 상자처럼 보이는 부품으로 로봇을 조립하는 학생들도 있었다. 언어는 통하지 않았지만, 한 아이가 자신이 만든 로봇을 자랑하며 으쓱해하는 모습이 귀여웠다. 초등 저학

년 학생들이 있는 교실은 우리나라 어린이집과 비슷한 분위기였다. 교실 한편에 걸린 알록달록한 그림들과 벽에 빼곡히 적힌 글씨들이 왠지 정감이 갔다.

처음엔 그저 몽골의 겨울 풍경을 담으러 온 여행이었는데, 이렇게 현지의 일상 깊숙이 스며들어 가고 있었다.

✦ 겨울 웨딩 스냅 촬영기

오늘은 아미의 피앙세, 빌궁을 만나는 날.

2018년 아미를 처음 만난 이후로 무려 4년 만에 처음 보는 여자 친구였다. 게다가 결혼을 앞두고 있다는데, 그냥 넘어갈 수는 없지. 우리의 본업을 살려 두 사람의 스냅 사진을 남겨주기로 했다.

챙겨온 델을 커플로 갖춰 입으니 제법 분위기가 났다. 서로의 옷매무새를 정리해 주며 눈빛을 주고받는 모습에, 옆에서 지켜보는 내가 다 설렐 정도였다. 빌궁은 몽골에서 변호사로 일하고 있다고 했다.

"누나, 무슨 일이 생겨도 아무 걱정 없어! 빌궁이 변호사니까 다 해결해 줄 거야!"

의기양양해하는 아미의 모습이 귀여웠다. 촬영 장소를 어디로 정할까 고민하던 중, 요즘 몽골 인플루언서들 사이에서 핫한 스팟이라는 '얼음벽'으로 향했다. 천막 위에 고드름이 주렁주렁 달린 허름한 입구를 보자, 처음엔 '과연 여기가 핫플이 맞을까?' 싶은 의심이 들었다. 하지만 아미를 믿고 안으로 들어가 보았다. 인공으로 만든 빙벽이었다. 겨울 왕

국이라는 별명이 붙을 정도로 혹독한 추위를 자랑하는 몽골치고는 규모가 다소 아담했다. 그래도 사진만 잘 나오면 되는 법.

빙벽 앞에서 수줍은 미소를 띠며 서로를 챙기는 두 사람을 보고 있으니, 친동생 장가보내는 것처럼 뭉클한 기분이 들었다. 손을 꼭 잡고 발을 맞춰 걷고, 서로를 부드럽게 끌어안으며 다양한 포즈를 먼저 선보였다. 두 사람은 금세 따라 했고, 촬영도 순조롭게 진행되었다. 빙벽 촬영만으로 마무리하기엔 아쉬워, 설원으로 자리를 옮겼다. 해는 어느새 산등성이에 걸려 있었다. 테를지는 산속에 위치해 있어 다른 지역보다 해가 30분에서 1시간 정도 빨리 진다. 원하는 스팟으로 가기 위해 서둘러 발걸음을 옮겼다.

"랄랄라 랄랄라 랄라 랄랄라~"

제주에서 촬영할 때도 즐겨 부르던 스머프송을 흥얼거리며 분위기를 띄웠다. 입김이 하얗게 피어올랐지만, 추위는 전혀 방해되지 않았다. 이곳은 마치 영화 「러브레터」 속 한 장면 같았다. 눈 위에 나란히 누워 하늘을 바라보고, 서로에게 몸을 기댄 채 말없이 눈빛으로만 대화를 나누는 두 사람. 시작하는 연인의 달달함에는 그 어떤 연출도 필요하지 않았다. 그저 사랑하는 마음이 모든 걸 만들어 낼 뿐.

이 순간, 평범했던 몽골의 설원은 두 사람만의 사랑의 무대로 변신했다. '아미의 여자 친구를 이렇게 담아주게 될 줄이야!'

몽골에서는 보통 20대 초반에 결혼하는 편이라, 지금 아미의 나이라면 아이가 셋쯤 있어도 전혀 이상할 게 없었다.

"아미, 늦은 만큼 분발해서 다섯 명씩 낳고 네가 원하는 농구팀을 완성하길 바라."

아미는 웃으며 손을 내저었지만, 빌궁은 빙긋 웃으며 의미심장한 눈빛을 보냈다.

과연, 아미는 패밀리 농구팀을 만들 수 있을까?

✦ 자르갈란트 가는 길,
몽골 다큐멘터리 속 한 장면

오늘은 드디어, 고대하던 자르갈란트로 떠나는 날!

전날 미리 도착해, 무릉에 있는 기사님 댁에서 하루를 묵었다. 긴 여정을 앞둔 우리를 위해 기사님의 아내분께서 따뜻한 아침 식사를 준비해 주셨다. 오트밀을 끓인 듯한 수프 같은 음식이었는데, 속이 든든해지는 맛이었다. 수프는 살짝 짭조름했지만 내 입에는 딱 맞았다. 그런데 정작 현지인인 아미는 입맛에 맞지 않는 듯했다. 대신 그릇에 꿀을 살짝 타주니 그제야 겨우 먹을 만하다고 했다. 추운 겨울 몽골에서는 따뜻한 음식으로 몸을 데워주는 것이 필수다.

"암츠테(맛있어요)!"

엄지를 척 올려 보이며 아내분께 감사 인사를 전하고, 차에 몸을 실었다.

바깥은 아직 동도 트지 않은 고요한 새벽이었다. 비몽사몽인 상태로 차에 올라타 두 시간을 이동했다. 새벽 공기는 낮보다 훨씬 더 매서웠다. 낙타 양말 두 켤레를 신고, 두툼한 방한 신발까지 갖춰 신었지만, 강력한 수족냉증 앞에서는 무용지물이었다. 오죽하면 평생 '발이 차다'는 것도 모르고 살았던 남편조차도 "동상 걸려서 발이 안 움직이는 게 아닐까?" 하며 걱정스레 발가락을 연신 까딱거리고 있었다.

갑자기, 쿵! 콩콩!

정신이 아득해질 정도로 심한 충격이 느껴졌다. 험난한 돌길이 시작된 것이었다. 이 길은 무려 한 시간 동안 이어졌다. 몽골에서 비포장도로를 수도 없이 지나왔지만, 이곳은 차원이 달랐다.

"이 길을 차로 갈 수 있다는 게 기적이 아닐까?"

내가 지금까지 경험한 비포장도로가 청룡열차였다면, 이곳은 티익스프레스 수준이었다. 타이어가 터질까 노심초사하며, 수십 번은 고민했다.

"자르갈란트고 뭐고, 그냥 홉스골로 돌아갈까?"

그러던 중, 정신을 차릴 즈음 우리 앞에 수십 마리의 야크 떼가 지나가고 있었다. 웅장한 돌산 아래 야크들이 도도하게 걸어가고 있었다. 이 장관을 카메라로 온전히 담기란 불가능했다. 험준한 돌길을 지나며 느꼈던 피곤함은 이미 사라지고 없었다. 그렇게 다시 차를 타고 이동하던 중, 이번에는 구름 모자를 한 설산이 모습을 드러냈다. 마치 후지산이나 백록담에서나 볼 법한 풍경이 눈앞에 펼쳐졌다. 이곳에서는 단순히 고개만 돌려도 그런 장면을 마주할 수 있었다.

오전 11시쯤, 드디어 상고대가 보이기 시작했다. 몽골처럼 건조한 기후에서는 쉽게 볼 수 없는 풍경이라, 나도 모르게 흥분이 치솟았다. 그리고, 이것은 곧 목적지가 얼마 남지 않았다는 뜻이기도 했다. 원래 자르갈란트까지 가려면 우리가 이동한 경로보다 훨씬 더 먼 길을 돌아가

야 했다. 하지만 운 좋게도, 얼마 전 현지인들이 말을 타고 다니며 새로운 지름길을 발견해 주었고, 덕분에 우리는 예상보다 절반의 시간 만에 도착할 수 있었다.

마을에 들어가기 직전, 상고대가 가득 핀 나무숲을 그냥 지나칠 수 없어 차를 세웠다. 아파트 3층 높이는 되어 보이는 거대한 나무가, 마치 이곳의 수호신처럼 서 있었다. 그 주변에는 아무것도 없었다. 그저 끝없는 설경이 펼쳐져 있을 뿐. 나는 문득 홋카이도 비에이에서 왕따나무를 보고 싶다는 버킷리스트를 떠올렸다. 그런데, 이곳에서 이토록 압도적인 왕따나무를 만나고 나니 그 미련이 싹 사라졌다. 아무도 본 적 없는 풍경을 가장 먼저 발견해 사진에 담는 일. 그 짜릿함은 상상 이상이었다.

✦ 물안개가 피어나는 강,
여기가 북유럽인가요?

　오늘의 숙소에 도착했다. 나무로 만든 오두막집 굴뚝에서는 연신 연기가 뿜어져 나오고 있었다. 처마 밑에는 고드름이 주렁주렁 달려 있었다. 타닥타닥 나무 타는 소리를 내며 화목 난로는 열심히 방 안을 데우고 있었다. 오는 내내 꽁꽁 얼어버린 발을 난로 위로 살짝 올려 보았다. 비로소 발가락 감각이 돌아오기 시작했다. 몸을 녹인 후, 본격적으로 자르갈란트 강을 탐험하기 위해 만반의 준비를 했다. 이 순간을 위해 한국에서 출발하기 전, 아미를 통해 미리 주문해 둔 델을 착용했다. 델은 솜을 넣어 누빔으로 만든 옷이었는데, 몹시 추운 날에는 가죽이나 동물 털을 덧댄 델을 입기도 한다고 했다. 델을 입을 때 가장 중요한 포인트는 바로 허리띠다. 허리띠를 단단히 묶으면 배 주머니 역할도 하고, 사냥 도구나 작은 물건을 매달기에도 용이하다고 했다. 몽골 현지인들은 델을 단순한 옷이 아니라, 겨울철엔 이불 대용으로도 사용한다고 했다.

　서툰 손놀림으로 허리띠를 두르자, 아미와 빌궁이 다가와 단단히 마무리해 주었다. 그제야 제대로 된 핏이 잡혔다. 신기하게도 허리띠 안 배 주머니에 휴대폰을 넣고 뛰어도 바닥으로 떨어지지 않았다. 거기에 기사님 아내가 챙겨주신 여우털 모자까지 쓰니, 영락없는 몽골 사람이 었다. 출발 전, 잠시 시간이 남아 현지인으로 빙의해 마을 어귀를 산책 해 보기로 했다.

사각사각~ 눈을 밟을 때마다 나는 소리가 경쾌했다. 남편을 올려다 보니, 수염에 작은 고드름이 옹골차게 맺혀 있었다. 입김이 수증기로 변해 얼굴에 닿자마자 그대로 얼어버린 것이다. 태어나 처음 보는 신기 한 광경이었다. 그런데도 신기한 건, 얼굴은 금세 적응이 되었는지 꽁 꽁 싸매지 않아도 크게 춥지 않았다. 다만, 빨갛게 상기되어 있을 뿐.

산책을 마친 후, 차를 타고 본격적으로 오늘의 하이라이트를 향해 출발했다. 일정대로라면 내일 오전에 강으로 향할 예정이었지만, 예상 보다 일찍 도착한 덕분에 일몰 전에 갈 수 있었다. 강 위에는 온천에서 나 볼 법한 수증기가 피어오르고 있었다. 새벽 물안개처럼 자욱하게 강을 감싸고 있는 모습이, 그저 아름답다는 말로는 표현할 수 없는 장 관이었다.

"이건 온천이지!"

호기롭게 물속에 손을 집어넣어 보았다. 영락없는 차가운 물이었다. 물은 또 얼마나 깨끗한지, 강바닥이 훤히 들여다보일 정도였다. 현지인 들은 아예 컵을 들고 와 이곳의 물을 떠먹기도 했다.

다시 차를 타고 조금 더 깊숙이 이동했다. 그러다 마침내 우리가 고 대하던 장면이 눈앞에 펼쳐졌다. 겨울 왕국 같은 설경, 상고대가 가득

핀 나무숲, 그 사이로 부드럽게 피어오르는 물안개….

"북유럽에 가야 이런 풍경을 볼 수 있을 줄 알았는데, 몽골에서 만나 다니!"

우리는 반쯤 넋이 나간 채, 사진을 담고 또 담았다. 나무 사이로 해가 저물고 있었다.

✦ 영하 30도 클래스를 보여드릴게요

추위는 점점 깊어졌다. 아쉬움을 가득 안고 차에 오르자, 기사님이 우리의 마음을 읽기라도 한 듯 마을 입구의 왕따나무로 다시 안내해 주었다. 낮에 보았던 그 나무는 해 질 녘이 되니 또 다른 모습으로 우리를 압도했다. 온종일 현실 같지 않은 풍경 속에 있다 보니, 이곳이 진짜 현실인지, 영화 속인지 헷갈릴 지경이었다. 거짓말처럼 하늘이 붉게 물들더니, 이내 온 하늘은 핑크빛으로 물들었다. 설산도 그 색을 그대로 받아, 한 폭의 수채화처럼 변해 있었다. 여름의 일몰과는 전혀 다른 색감. 북유럽의 일몰 영상에서나 보았던 그 몽환적인 빛이, 바로 지금, 바로 이곳 몽골에서 펼쳐지고 있었다. 살아 있음에, 이곳에 있을 수 있음에 감사하고 또 감사했다.

첫날의 여운을 한가득 안은 채 둘째 날 아침이 밝았다. 한겨울 몽골에 오면 가장 해보고 싶던 것이 하나 있었다. 바로 '뜨거운 물 공중에 뿌리기.' 극지방에서만 할 수 있는 정말 특별한 경험이다. 물을 끓였는데, 생각했던 것처럼 금방 끓지 않았다. 어쩌나 고민하던 중 아미가 어

디선가 전기 포트를 구해왔다. 물이 끓자, 어린아이처럼 신이 나서 마당으로 뛰어나갔다. 반신반의하며 뜨거운 물을 공중으로 뿌려 보았다. 그러자 순식간에 물이 얼어붙으며 하얀 수증기처럼 퍼졌다. 재미를 붙인 나머지 여러 번 물을 뿌리다 그만 남편 쪽으로 뜨거운 물이 튀고 말았다. 순간 화상을 입히는 건 아닐까 걱정했지만, 다행히 공중에서 얼어붙은 수증기처럼 남편 옷에 닿자마자 순식간에 얼어버렸다. 덕분에 평화를 지킬 수 있었다.

아쉬움이 남은 우리는 마지막으로 자르갈란트 풍경을 보고 홉스골로 돌아가기로 했다. 차를 타고 마을 중앙을 지나던 참이었다. 아빠가 끌어주는 눈썰매에 몸을 싣고 등교하는 아이들의 모습에 배시시 웃음이 나왔다. '이게 진짜 낭만이지.'

다시 일출 빛을 따라 차는 달리기 시작했다. 오늘 아침은 구름이 많았는데, 구름 사이로 빼꼼히 해가 살짝 비치는 곳이 있었다. 마침 그곳에는 통나무로 된 집 한 채만 덩그러니 놓여 있었다. 꼭 무대 위 스포트라이트를 비추는 것만 같았다. 비현실적이었다.

다시 조금 더 달려 자르갈란트에 도착했다. 새벽이슬이 상고대가 되어 어제 보았던 것보다 나무들이 더욱 풍성하게 장식되어 있었다. 나무에 몽골어로 된 안내문이 붙어 있었는데, "무슨 뜻이야?" 하고 아미에게 묻자, 그는 무심하게 대답했다.

"노상방뇨하지 말라고 쓰여있네."

다시 풍경에 집중하기로 했다. 어제는 지는 해가 온 숲을 감쌌다면, 아침에는 떠오르는 해 반대편에 위치해서 그런지 파란 하늘과 이곳의 풍경을 동시에 담을 수 있었다. 그렇게 열심히 이곳을 담고 있는데 남편이 말했다.

"머리 할머니 됐네?"

무슨 말인가 싶어 거울을 봤더니, 너무 추운 날씨 덕분에 머리카락이 얼어 하얗게 변해 있었다. 계속 말을 하며 돌아다녔더니 그 습기가 머리카락에 묻어 얼굴 옆부분만 새하얗게 변해 있었다. 그런 내 모습이 꽤 마음에 들었다. 남편을 보니 수염도 속눈썹도 하얗게 변해 있었다. 남편을 보며 웃음을 터뜨린 것도 잠시, 푹ー하는 소리와 함께 내 발이 물속으로 빠져버렸다. 살짝 얼어 있던 물 위로 눈이 쌓여 의도치 않게 부비트랩이 만들어졌는데, 하필 그곳을 밟아버린 것이다. "다 젖었겠네, 큰일이네" 하며 서둘러 물에서 발을 빼냈는데, 걱정은 기우였다. 조금 전 머리카락이 얼고, 수염이 얼어버린 것처럼 신발도 젖기 전에 이미 얼어버려서 하나도 젖지 않았다. 정말 신기한 경험이었다. 얼어버린 신발을 툭툭 털어내니, 아무 일도 없었다는 듯 멀쩡했다.

✦ 옷 입은 야크를 드디어 만났어요

겨울 몽골 여행을 꿈꾸며 자르갈란트의 풍경을 감상하는 것만큼이나 간절히 보고 싶었던 장면이 있었다. 바로 '옷 입은 동물들' 몽골의 혹독한 추위를 견디기 위해 유목민들이 가축들에게 따뜻한 천을 둘러주는 모습은, 다큐멘터리 속에서만 보아온 낯선 풍경이었다. 하지만 생각보다 기온이 높아, 기대했던 장면은 좀처럼 모습을 드러내지 않았다. 그러던 중, 눈 덮인 초원에서 예상치 못한 광경이 펼쳐졌다.

"STOP!!!!!!"

나는 즉시 차를 세우라고 외쳤다. 가까이 다가가니, 바로 하네크였다. 하네크는 소와 야크 사이에서 태어난 혼혈 가축으로, 몽골에서는 강인한 체력과 추위에 대한 저항력 덕분에 귀하게 여겨진다. 그런데 웬걸, 하네크들이 옷을 입고 있었다. 그 순간, 나도 모르게 감탄이 터졌다.

"귀여워!!"

하네크들이 놀라 도망가지 않게, 조심스레 방향을 틀어 천을 두른 쪽으로 천천히 다가갔다. 가까이에서 보니, 녀석들의 턱에는 남편의 수염이 얼었던 것처럼 고드름이 주렁주렁 매달려 있었다. 그 모습이 안쓰러 우면서도 몽골 겨울의 강렬한 인상을 그대로 보여주는 듯했다.

"너무 춥겠다."

나도 모르게 중얼거렸지만, 녀석들은 아랑곳하지 않고 천천히 발걸음을 옮겼다. 그 순간, 사각사각 눈 밟는 소리가 초원에 퍼졌다. 몽골 겨울이 들려주는 기분 좋은 소리였다.

한국에서 보았던 몽골 겨울 유목민 다큐멘터리가 떠올랐다. 끝없이 펼쳐진 설원 위에서, 수백 마리의 동물과 함께 겨울 델을 껴입고 며칠 동안 이사를 하는 유목민들의 모습이었다. 낙타는 등에 해체된 게르를 얹고, 야크 옆에는 동물 가죽으로 덮인 나무 바구니가 묶여있었다. 그리고 그 바구니 속에는 아장아장 걸음마를 뗄 법한 어린아이들이 쏙 들어가 있었다. 마치 작은 마을이 통째로 움직이는 듯했다.

처음엔 '한겨울에 이사를 하다니, 왜 하필 이렇게 힘든 계절에 움직이는 걸까?' 하는 의문이 들었다. 알고 보니 가축들 때문이었다. 몽골에서 가축은 단순한 동물이 아니라, 생계 그 자체다. 먹이를 구할 수 있는 곳을 따라 이동하는 것은 필수적인 생존 방식이었다.

눈보라를 헤치며 형형색색의 짐을 가득 이고 지고 이동하는 유목민들의 모습은 현실적으로는 고된 일이겠지만, 집에서 편히 티브이로 보는 내 눈엔 너무 귀엽고 사랑스럽게 느껴졌다. 특히 100kg이 넘는 짐도 거뜬히 지고 이동하는 하네크들의 모습은 감탄을 자아냈다. 자기 몸만 한 짐을 양옆에 싣고도 아무렇지 않다는 듯 묵묵히 걸어가는 모습이 경이로웠다.

그럼에도 몽골

언젠가 이들의 이사 장면을 직접 카메라에 담아보고 싶다는 작은 소망이 생겼다. 아미는 원하면 언제든지 유목민들과 연결해 줄 수 있다고 했지만, 막상 떠올려 보니 그들의 일상에 민폐를 끼치지 않으려면 나도 어느 정도 체력을 길러야 할 것 같았다. 몽골의 겨울은 아름답지만, 동시에 가혹하니까. 언젠가 그들의 여정을 따라 함께 걸을 날이 오겠지. 그날이 오면, 오늘 이곳에서 만난 하네크의 모습처럼 또 한 번 마음속 깊이 기억될 풍경을 마주할 수 있을 것이다.

✦ 겨울 홉스골엔 얼음 축제가 열려요

자르갈란트를 떠나, 우리의 마지막 여행지 홉스골에 도착했다.

얼마 전 개봉한 영화 「하얼빈」 예고편에서 안중근 의사가 꽁꽁 언 강을 건너는 장면이 나왔는데, 바로 이곳에서 촬영한 장면이다. 겨울 홉스골은 영하 30~40도는 기본, 몽골에서도 유난히 혹독한 추위를 자랑하는 지역이다. 홉스골의 겨울은 신비로움 그 자체다. 11월부터 얼기 시작한 호수는 이듬해 4월이 되어서야 완전히 녹는다. 무려 1m 이상 꽁꽁 얼어붙는 이 거대한 호수 위로는 자동차도 자유롭게 오갈 수 있다. 겨울이 되면, 여름철 접근하기 어려운 차탕족이 사는 마을도 훨씬 수월하게 갈 수 있다. 그 덕분인지, 홉스골에서는 9~10월에 태어나는 사람들이 유독 많다고 한다. 여행지에서 마주하는 사소한 이야기조차도 몽골의 독특한 삶의 방식을 엿보게 한다.

그리고 3월이 되면 이 얼음 위에서 몽골을 대표하는 겨울 축제, '블루펄' 얼음 축제가 열린다. 이 축제는 호수를 보호하고 지역 관광 사업을 활성화하기 위해 2000년대에 시작되었으며, 이제는 몽골뿐만 아니라

해외에서도 많은 관광객이 찾는 대표적인 겨울 행사로 자리 잡았다. 축제에서는 겨울철에만 즐길 수 있는 다채로운 액티비티가 펼쳐진다. 활쏘기, 얼음 축구, 얼음 볼링, 말썰매 레이스, 줄다리기 등 몽골 특유의 강인한 유목민 문화를 반영한 스포츠들이 진행된다. 곳곳에는 작은 노점이 열려 몽골 전통 음식을 맛볼 수도 있고, 지역 장인들이 만든 수공예품과 기념품들도 판매된다.

하지만 축제에서 가장 압도적인 볼거리는 단연 얼음 조각상들이다. 홉스골 호수의 순수한 얼음을 재료로 현지 예술가들과 조각가들이 만든 섬세한 작품들은 한 편의 야외 갤러리를 방불케 한다. 날라이흐 광장에서 보았던 얼음 조각들과는 비교도 안 될 정도로 정교하고 화려하다. 작품들은 단순히 아름답기만 한 것이 아니라 몽골의 전통과 문화를 담고 있어 더욱 의미가 깊다. 칭기즈칸의 초상, 전통 게르, 야생동물 등

몽골의 역사와 자연을 형상화한 조각들이 눈길을 사로잡는다.

또한, 홉스골 호수에서는 겨울에만 즐길 수 있는 빙어 낚시도 빼놓을 수 없다. 두꺼운 얼음을 뚫고 직접 빙어를 잡는 체험은, 혹한의 겨울을 온몸으로 경험하는 몽골 여행의 백미다. 낚시를 하지 않더라도, 얼음 위에서 살아 숨 쉬는 홉스골의 겨울을 온전히 느낄 수 있다.

홉스골은 몽골에서도 가장 영험한 지역으로 꼽힌다. 그렇기 때문에 이곳에는 전국에서 무당들이 기도하러 모인다. 축제 기간에는 몽골 전통 무당 의식인 '달라이맘'을 볼 수 있다. 이는 바다와 호수의 정령에게 감사를 표하고 복을 기원하는 제사로, 몽골 샤머니즘이 살아 숨 쉬는 신비로운 순간이기도 하다.

블루 펄 축제는 보통 3일간 진행되지만, 2025년 겨울 행사는 무려 10

일간 열린다고 한다. 대부분 3월에 진행되지만, 몽골 설날 일정과 겹치는 해에는 2월로 앞당겨지기도 한다. 유목민의 전통, 홉스골 자연의 아름다움, 그리고 현대적인 즐길 거리가 결합된 이 특별한 축제는, 겨울 몽골을 찾는다면 반드시 경험해 봐야 할 순간이 아닐까.

✦ 꽁꽁 얼어붙은 홉스골 호수 위로
푸르공이 돌아다녀요

  빼곡한 나무들 틈 사이, 새하얀 눈 이불 위에 자리한 파란 통나무집이 오늘 우리가 머물 곳이었다. 굴뚝에서는 화목 난로 연기가 모락모락 피어오르고 있었고, 한겨울 추위를 피해 따뜻한 곳을 찾아온 듯한 까만 고양이가 문 앞에서 우리를 반겨주었다. 이동하느라 꽁꽁 얼어 있던 몸을 잠시 녹이고, 다시 꽁꽁 언 홉스골 호수를 향해 발걸음을 옮겼다.

  호수 위에는 어디서 흘러온 건지 모를 커다란 얼음 조각들이 여기저기 놓여 있었다. 그것들은 마치 우주 어딘가, 이름도 모를 행성의 표면을 떠다니는 듯한 신비로운 모습이었다. 이렇게 거대한 얼음 조각들은 아이슬란드에만 있는 줄 알았는데, 몽골에서도 이런 풍경을 마주할 줄이야.

  "도대체 몽골 사람들은 이렇게 아름다운 걸 왜 홍보하지 않는 거야?"

  아미에게 물으니, 그는 태연하게 "이게 예뻐?" 하고 되물었다. 순간 깨달았다. 제주에 사는 내게 누군가 "유채꽃 너무 예쁘다!" 하면 별 감흥이 없는 것과 같은 이치겠지. 역시 사람은 가까이 있을 때 그 소중함을 잘 모른다.

햇살을 받아 얼음이 반짝이는 모습을 보니 꼭 보석 같았다. 얼음 결정 하나하나가 너무나도 정교하고 신비로웠다. 조금 더 걸어가니 내 키만 한 얼음 조각들이 층층이 쌓여 있는 곳이 나왔다. 그 사이에 서서 사진을 찍으니 마치 영화 「인터스텔라」 속 한 장면에 들어온 듯한 기분이었다.

"녹지 않는다면, 한 조각 떼다 액세서리로 만들어 늘 몸에 지니고 다니고 싶을 정도야."

그렇게 몽환적인 풍경에 취한 채, 밤하늘의 별과 함께 이 모습을 담고 싶어 어둠이 찾아오길 기다렸다. 삼각대를 펼치는 순간, 거짓말처럼 손가락이 삼각대에 착 달라붙었고, 별들은 부끄러운 듯 구름 속으로 자취를 감춰버렸다. 아쉬움이 남았지만, 자연이 나에게 허락한 시간은 이만큼이었다.

다음 날 아침, 양털 침낭 속에서 겨우 머리만 내놓고 부은 눈을 꿈벅이며 천장을 바라봤다. 밤새 켜놓았던 화목 난로가 꺼져버려 침낭 밖으로 나갈 엄두가 나지 않았다. 그러던 중, 기사님이 다시 난로에 불을 지펴주셨고, 덕분에 따뜻해진 방 안에서 비로소 침낭 속에서 탈출할 수 있었다. 다시 푸르공에 올라타 꽁꽁 얼어 있는 호수를 달리기 시작했다. 차가 달릴수록 얼음이 쩍쩍 갈라지는 소리가 들리는 듯해 살짝 공포감이 밀려왔다. 하지만 금세 처음 겪는 특별한 경험에 기분이 들뜨고, 얼굴은 상기되었다. 어느 정도 달리다 적당해 보이는 곳에서 차를 세웠다. 차들이 지나간 흔적 때문인지 곳곳에 실제로 금이 간 얼음 틈이 보였다.

"누워 봐, 여보."

"너무 무서워."

하지만 걱정할 필요 없다. 이곳의 얼음은 120cm 이상 단단하게 얼어 있어 쉽게 깨질 일이 없다. 그러니 차들도 이렇게 달리는 거겠지. 겁먹은 한국인들을 뒤로하고, 빌궁도 먼저 얼음 위로 드러누웠다. 고비사막 근처가 고향이고 주로 울란바토르에서 살아온 몽골인 빌궁도 이런 경험은 처음이라고 했다. 그 모습에 용기를 내어 나도 따라 누워보았다.

얼음 위에서 팔과 다리를 허우적거리는 모습이 꼭 살찐 문어 같았다. 지금 내가 누워 있는 이곳이 거대한 호수라는 사실이 믿기지 않았다. 어제 보았던 얼음 조각들과는 또 다른 차원의 신비로움이었다. 얼음 아래에 담긴 깊고 푸른 세계는 조용히 얼어붙은 채, 고요하지만 강렬한 존재감을 내뿜고 있었다. 광활한 겨울 몽골 속에서, 나라는 사람은 그저 작은 점처럼 느껴졌다. 그렇게 나는 몽골이 주는 겨울 행복을 온전히 누리고 있었다.

✦ 겨울 몽골 화보 촬영 에피소드 1

홉스골 여행을 무사히 마치고 울란바토르로 돌아가는 차 안, 남편의 선배로부터 페이스북 메시지가 도착했다. 한국과 몽골을 오가며 캐시미어 사업을 하는 선배였는데, 다름 아닌 '몽골 화보 촬영' 의뢰였다. 기간은 4박 5일, 일정은 3월. 문제는 우리가 도저히 3박 4일 이상 시간을 낼 수 없다는 것이었다. 고민 끝에 '언제 또 몽골에 출장을 오겠어?'란 생각이 들어 냉큼 수락했다.

그렇게 한 달 만에 우리는 다시 겨울 몽골로 돌아왔다. 이번 출장지는 '헨티 아이막'. 칭기즈칸의 고향으로 유명한 지역 근처였다. 촬영의 주제는 '캐시미어'. 의뢰를 맡긴 선배의 농장이 바로 이곳에 있었고, 이곳에서 동물들과 겨울 풍경을 담아오는 것이 우리의 미션이었다. 몽골의 겨울, 캐시미어, 끝없는 설원…. 이보다 더 매력적인 촬영이 있을까? 거절할 이유가 없었다. 여느 때처럼 이번 출장도 아미와 함께했다.

테를지를 지나 칭기즈칸 동상을 지나치며 달리던 중, 족히 백 마리는 되어 보이는 양과 염소 무리를 몰고 가는 말을 탄 청년과 마주쳤다. 지

난 2월 여행 때는 설원에서 끽해야 열 마리 남짓한 동물들만 보았는데, 출장 오자마자 이런 장면을 만나니 차를 세우지 않을 수 없었다. 청년에게 사진을 찍어도 되겠냐고 허락을 받은 후, 우리는 열심히 카메라 셔터를 눌렀다. 빨간 후드 모자를 뒤집어쓰고 트레이닝 팬츠를 입은 채 말 위에서 능숙하게 양들을 모는 청년의 모습은 전통적인 유목민들과는 사뭇 달랐다. 오히려 힙한 감성이 느껴졌다고 할까? 영하 20도가 넘는 강추위와 거센 바람에도 아랑곳하지 않고 유유히 양을 모는 모습이 훈훈하기까지 했다.

다시 세 시간쯤 달렸을까. 예상치 못한 난관에 부딪혔다. 생각보다 따뜻한 날씨 때문인지, 원래부터 얼지 않는 곳인지, 깊이를 가늠할 수 없는 물가가 우리 앞을 가로막고 있었다. 어쩌나 고민하며 발을 동동

구르던 찰나, 다행히 출장팀에는 이 지역 지리에 밝은 분이 계셨고, 덕분에 우리는 다른 길을 찾아 무사히 건널 수 있었다.

도착한 곳에는 아침에 본 것보다 몇 배는 더 많은 가축이 펼쳐져 있었다. 나는 그 사이를 누비며 연신 셔터를 눌렀다. 님도 보고 뽕도 따고, 도랑 치고 가재 잡는다는 말이 딱 맞는 순간이었다. 보통 사람이 동물들 틈에 들어가면 가축들이 놀라 도망가기 마련인데, 농장 주인이 원하는 배경 쪽으로 동물들을 몰아주어 원하는 장면을 완벽하게 담을 수 있었다. 그렇게 촬영에 집중하던 중, 저 멀리서 두 마리의 강아지가 미친 듯이 달려오는 것이 보였다. 우리는 촬영에 몰두하느라 강아지들이 다가오는 걸 전혀 인지하지 못하고 있었다. 다급해진 현지인들이 우리 쪽으로 달려오더니, "두 분 정말 겁이 없으시네요" 하고 말했다. 알고 보니 강아지들은 우리가 가축들을 괴롭히는 줄 알고 쫓아온 것이었다. 유목민들의 가축을 보호하려는 본능이 강한 몽골의 개들은 가끔 낯선 외부인을 향해 공격성을 보이기도 한다. 현지인들이 제지해 주지 않았다면, 큰 사고로 이어질 뻔한 순간이었다.

✦ 겨울 몽골 화보 촬영 에피소드 2

어제에 이어 오늘도 촬영이 계속되었다. 촬영을 위해 유목민들이 키우는 염소들 중 털이 가장 곱고 윤기 나는 한 마리를 골랐다. 빗을 이용해 조심스럽게 털을 빗겨 모으니, 손끝에 느껴지는 감촉이 부드러웠다. 이 털이 바로 우리가 아는 캐시미어다. 몽골의 혹독한 추위를 견디기 위해 염소들은 거친 겉털 아래, 보드랍고 따뜻한 속털을 기른다. 그리고 봄이 되어 털갈이하는 시기에 이 속털을 빗질로 채취하는데, 이것이 바로 캐시미어의 원재료다. 염소 한 마리당 평균 150g~200g 정도 채취할 수 있지만, 이 과정에서 분리, 방적, 세척을 거치며 전체의 50% 이상이 버려진다. 캐시미어의 가격이 높은 이유가 여기에 있다. 캐시미어털은 총 네 가지인데 오가닉 컬러로 분류된다. 아이보리, 베이지, 오트밀, 브라운 컬러이다. 이 네 가지 색만 염색을 거치지 않은 천연 그대로의 색이다. 나머지 컬러는 오가닉 컬러에 염색을 한 것이라 오가닉 컬러 의류가 조금 더 부드럽고 귀하게 여겨진다.

털을 빗겨주는 과정에서 염소들이 불편함을 느끼지는 않을까 걱정하

는 사람들도 있지만, 오히려 털을 빗겨주지 않으면 여름철에 더위를 이기지 못해 목숨을 잃을 수도 있다고 한다. 결국, 사람과 염소가 서로 돕고 살아가는 일종의 공생 관계인 셈이다. 나는 캐시미어 털을 한 움큼 쥐어 하늘 위로 올려 보았다. 몽실몽실한 털 뭉치가 꼭 작은 구름 같았다. 부드럽고 가벼운 촉감이 손끝을 스치자, 이것이 어떻게 고급 원단으로 변하는지 다시금 신기하게 느껴졌다.

촬영을 마치고 유목민 게르로 돌아와 잠시 휴식을 취하고 있는데, 어디선가 태어난 지 한 달 정도밖에 안 된 어린 강아지 네 마리가 우리를 둘러싸기 시작했다. 엄마 강아지에게 놀아달라고 조르듯이, 우리에게도 애교를 부리는 모습이 어찌나 사랑스러운지, 녹아내리지 않을 수 없었다. 그때 유목민 한 분이 "더 귀여운 걸 보여줄 테니 따라오라"며 울타리 안쪽으로 우리를 안내했다.

그곳에는 내가 그토록 만나고 싶어 했던 아기 양이 있었다. 몽골에서는 보통 봄에만 새끼들이 태어난다고 해서, 이번 여행에서는 아기 양을 볼 수 없을 거라 반쯤 포기한 상태였다. 그런데 운 좋게도 3월에 태어난 새끼 양이 있었다. 아기 양의 털은 마치 비숑처럼 꼬불꼬불했다. 새하얀 양도 있었지만, 귀와 코 부분만 검거나 갈색인 양들도 보였다. 그중 가장 하얀 양 한 마리를 유목민께서 내게 살며시 안겨주었다. 품에 안자마자 입꼬리가 절로 올라갔다. 우리 집 반려견 차콩이(6kg)보다도 가벼웠다. 너무 작고 연약해 조금만 힘을 줘도 부서질 것만 같았다. 조심스럽게 안고 사진을 찍었는데, 카메라 속 아기 양은 마치 활짝 웃는 표정이었다. 하지만 실상은 "얼른 내려놔라!" 하고 우는 소리 같아, 결국 황급히 어미 품으로 돌려보냈다. 아기 양과의 짧지만 행복한 시간을 뒤로하고, 이제는 이곳을 떠날 시간이었다. 1박 2일 동안 따뜻하게 맞아주고 도와준 유목민들에게 감사 인사를 전하며, 다 함께 단체 사진도 남겼다. 그리고 마지막으로, 이번 출장을 담당한 담당자분이 웃으며 말했다.

"화장실도 고장 나고 길도 험했는데, 이 먼 길까지 와주셔서 정말 감사해요."

"몽골에선 흔한 일이잖아요. 언제든 불러주세요. 지금처럼 또 달려올게요."

그렇게 우리는 다시 출발선에 섰다. 여행이든, 촬영이든, 이 땅에 발을 디딜 때마다 몽골은 새로운 모습으로 우리를 맞이했다. 다음엔 또 어떤 순간이 기다리고 있을까.

그럼에도 몽골

✦ 낭만 겨울, 에르데네트행 야간 기차

2025년 2월, 또 한 번 겨울 홉스골 여정을 떠났다. 평소와는 조금 색다른 방식으로 홉스골을 찾아가 보기로 했다. 이번 여행은 자동차가 아닌 기차를 타고 떠나는 여정이었다.

울란바토르역에서 에르데네트역까지의 거리는 약 370km. 차로 가면 7~8시간이 걸리지만, 기차로는 12시간이나 소요된다. 시간만 놓고 보면 차를 타는 것이 훨씬 빠르고 효율적이지만, 기차의 가장 큰 장점은 이동 중에도 편안한 휴식을 취할 수 있다는 것이다. 침대칸을 이용하면 좁은 푸르공에서 장시간 웅크리고 가는 대신, 비교적 쾌적한 공간에서 누워서 이동할 수 있다. 우리가 이용한 몽골 기차역은 사실 많은 사람들이 이미 한 번쯤 본 적이 있을지도 모른다. 드라마 「사랑의 불시착」 속 '평양역'으로 등장했던 곳이 바로 이곳 울란바토르역이기 때문이다. 드라마 애청자였던 나는 극 중에서 보았던 기차를 실제로 타볼 생각에 들떠 있었다.

몽골 기차의 좌석은 크게 침대칸과 좌석칸으로 나뉜다. 아미는 편안

한 이동을 위해 미리 1등석 침대칸을 예약해 두었다. 1등석 객실은 한 칸에 4개의 침대로 구성되어 있으며, 상·하층으로 나뉘어 있다. 1층 침대는 낮 동안 거의 공용 공간처럼 사용되기 때문에, 2층 침대에 배정된 사람도 낮에는 1층에 앉아 쉬다가 밤이 되면 2층으로 올라간다.

기차에서의 진짜 낭만은 현지인들과의 만남에서 시작된다. 기차를 타고 얼마 지나지 않아, 우리 객실에 50대쯤 되어 보이는 몽골 아주머니가 짐을 한가득 들고 들어왔다. 겨울 여행을 떠나는 우리처럼, 아주머니 역시 침대 한쪽을 짐으로 가득 채웠다. 알고 보니 에르데네트에서 작은 가게를 운영하고 있으며, 울란바토르에서 물건을 떼다 판매하는 일을 한다고 했다.

"영어를 정말 잘하시네요!"

반가운 마음에 말을 건네자, 아주머니는 뜻밖의 대답을 하셨다.

"나는 독일어를 가르치고 있어요."

장사만 하시는 줄 알았는데, 독일어까지 가르치고 계신다니. 다채로운 몽골인의 투잡이다.

하지만 돌아가는 기차에서의 첫 만남은 조금 불편하게 시작되었다. 우리는 기차에 오르자마자, 뒤죽박죽 섞인 짐을 정리할 생각으로 내 자리 한가득 펼쳐놓은 상태였다. 하지만 몽골 기차의 1층 침대는 사실상 공용 공간. 우리가 짐을 널브러뜨려 놓자, 객실에 함께 탄 몽골 아저씨의 표정이 영 탐탁지 않았다. 처음에는 아저씨가 몽골어로 무어라 말을 했지만, 알아듣지 못한 우리는 여전히 짐을 정리하려고 하고 있었다. 그러던 순간, 아저씨가 짧고 강렬한 한마디를 던졌다.

그럼에도 몽골

"Dirty."

기차 안에 울려 퍼지는 그 한마디에 나도 모르게 표정이 굳었다. 가뜩이나 어수선한 짐 때문에 정신이 하나도 없었는데, 표정 관리가 되지 않았다. 하지만 이내 아저씨는 차분하게 영어로 자신의 상황을 설명해 주었다.

"내가 허리 수술을 해서 허리가 좋지 않아. 괜찮다면 2층으로 자리를 바꿔줄 수 있겠니?"

순간 당황스러웠던 감정이 싹 가시고 오히려 반가운 마음이 들었다. 오랜 시간 푸르공에 갇혀 다리도 제대로 펴지 못한 채 이동하느라 온몸이 쑤셔왔던 터였다.

"물론이지."

그렇게 나는 2층으로 자리를 옮겼다. 그런데 아저씨는 거기서 멈추지 않았다. 맞은편 1층에 앉아 있던 몽골 아주머니를 가리키며 내 남편에게도 물었다.

"너희가 젊으니까 몸이 불편한 아주머니와 자리를 바꿔줬으면 해."

바꿔주고 보니 남편 나이 41세, 아줌마 나이 46세였다. 얼굴이 동안인 탓에 벌어진 해프닝이라고 생각하며 웃어넘겼다. 그렇게 우리 부부가 2층으로 모두 자리를 옮기고 기차는 비로소 평화를 찾았다.

아저씨는 낚시가 취미라고 했다. 다음 날 중국으로 기차를 타고 떠나 낚시 여행을 갈 예정이라며, 지금까지 다녀온 몽골의 아름다운 곳들을 차례차례 휴대폰 속 사진으로 보여주었다. 그중에는 우리가 이미 여행했던 곳도 있었고, 한국에서는 쉽게 찾아볼 수 없는 비밀 같은 여행지도 많았다. 우리가 모르는 몽골의 또 다른 얼굴을 마주한 듯한 기분이었다.

그렇게 남편과 아저씨는 두 시간 동안 끊임없이 대화를 나누었다. 나는 영어 실력이 부족해 대화에 온전히 참여할 수 없었지만, 옆에서 이야기를 듣는 것만으로도 충분히 흥미로웠다.

기차는 부드럽게 선로를 따라 달리고 있었다. 창밖으로 펼쳐지는 겨울 몽골의 끝없는 설원, 객실 안을 가득 채우는 현지인들의 이야기, 낯설지만 설레는 순간들. 그 속에서 나는 여행이 주는 소소한 깨달음과 다시 만날 새로운 몽골의 풍경을 떠올리며, 차분히 밤을 맞이했다.

✦ 몽골의 북쪽 끝, 타이가 숲에는 차탕족이 살아요

처음 홉스골 여행을 계획했을 때부터, 나는 차탕족을 만나는 꿈을 품고 있었다. 겨울 몽골을 다녀온 여행자들이 가장 인상 깊었던 순간으로 꼽는 것도 바로 차탕족과의 만남이었다.

몽골어로 '차탕'은 '순록을 기르는 사람'이라는 뜻이다. 그들은 태어나는 순간부터 평생을 순록과 함께하며 살아간다. 하지만 현재 남아 있는 차탕족은 약 200명에 불과하다. 세계에서 가장 인구가 적은 소수민족. 그들이 영하 40~50도를 웃도는 몽골에서 가장 추운 지역에서 살아가는 이유는 단 하나, 순록을 보호하기 위해서다. 순록의 코에서는 체열이 발산되는데, 이에 따라 흡혈 곤충(모기나 파리)이 몰려든다. 이 곤충들이 순록의 코 주변에 알을 낳으면, 유충이 호흡기로 침투해 결국 순록이 폐사할 수도 있다. 차탕족은 이러한 위험으로부터 순록을 지키기 위해, 곤충이 적은 혹독한 추위 속에서 살아간다.

차탕족은 소금으로 순록을 길들이는데, 야생의 먹이에는 염분이 부족해 차탕족이 주는 소금을 먹기 위해 그 주변에 머무르고 있다. 러시

아 국경과 가까운 북쪽 끝 타이가 숲에 살고 있는 차탕족은 차강 마을에서 비교적 가까운 차로 1시간 30분 거리에서 만날 수 있었다. 나는 설원 위를 유유히 걷는 순록들과 그 뒤를 따르는 차탕족의 모습을 기대하며 도착했지만, 눈앞에 펼쳐진 건 오직 몇 채의 '오르츠'. 차탕족의 집인 오르츠는 원뿔형의 텐트 모양을 하고 있었고, 그 옆에는 작은 미니어처 오르츠가 놓여 있었다. 개집이었다.

"순록은 어디 있어?"

"밥 먹으러 갔어. 두 시간 뒤에나 돌아올 거야."

예정보다 일찍 도착했다는 사실에 기뻐했던 것도 잠시, 또다시 기다림의 연속이었다. 순록 대신 마당을 뛰노는 개들과 잠깐 놀았지만, 타이가 숲의 차가운 바람이 온몸을 파고들었다. 자연스레 우리는 오르츠안으로 들어가게 되었다. 무거운 천막 문을 열고 들어가니, 차탕족 아주머니가 포대 자루에 담긴 눈을 화로에 녹여 물을 만들고 있었다. 하늘에서 내린 깨끗한 눈을 모아 보관한 뒤, 필요할 때마다 녹여 사용한다고 했다. 델을 입고 있던 나는 아주머니의 동작을 따라 해보았고, 그 모습을 본 일행들은 배를 잡고 웃었다. 영락없는 차탕족 같았다고.

그때, 문득 여름에 홉스골에서 만났던 차탕족이 떠올랐다. 당시 차탕족은 전통적인 의상을 입고 있었는데, 오늘 우리가 만난 이들은 모두 델을 입고 있었다. 궁금한 마음에 동호에게 물었다.

"여름에 본 차탕족은 전통 옷을 입고 있었는데, 왜 이분들은 델을 입고 있어?"

"그거 전통 옷 아니야. 가짜야."

뒤통수를 한 대 얻어맞은 기분이었다. 관광객을 위한 연출이었을 줄이야. 어쩐지 몽골의 유목민들은 거의 다 델을 입고 있는데, 그때 만났던 차탕족만 유독 화려한 옷을 입고 있더니. 결국 상술에 놀아난 셈이었다. 나는 차탕족에게 궁금했던 질문들을 쏟아냈다.

"이곳을 벗어나 다른 곳에 간 적이 있나요?"

"무릉이나 울란바토르에 종종 가요."

나는 당연히 "한 번도 이곳을 떠난 적이 없다"라는 답이 돌아올 줄 알았다. 예상 밖의 답변에 또 한 번 놀랐다.

"우리도 순록에게 소금을 줄 수 있나요?"

"아니요."

순록들은 소금을 통해 차탕족과 신뢰를 쌓는다. 그런데 낯선 사람들이 마구 소금을 주면 순록들이 혼란스러워할 수 있기 때문에, 방문객들에게는 소금을 주는 것을 금지하고 있다고 했다. 그렇게 질문을 주고받으며 시간을 보내다 보니, 드디어 산에서 먹이를 먹고 돌아온 순록들이 보이기 시작했다.

"에게? 고작 세 마리야?"

나는 수십 마리의 순록이 우리 앞을 가득 메울 줄 알았다. 하지만 실제로 돌아온 건 단 세 마리.

"원래 800마리 정도 되는데, 더 깊은 숲속에 있어. 지금은 이 세 마리만 왔어."

생각했던 모습과는 달랐지만, 그래도 순록을 만난 것만으로도 만족해야 했다. 그런데 또 한 가지 궁금한 점이 생겼다. 세 마리 중 한 마리는 웅장한 뿔을 가지고 있었지만, 나머지 두 마리는 뿔이 부러져 있었다.

"왜 두 마리는 뿔이 없는 거야?"

"산을 뛰어다니다가 나무에 걸려서 자연스럽게 부러진 거야."

질풍노도의 순록들이었다. 고삐 풀린 망아지처럼 숲을 누비는 야생적인 존재들이지만, 차탕족 앞에서는 순한 양이 되어 소금을 받아먹고 있었다. 그중 한 마리를 가까이 데려와 안장 위에 올라타 보라고 했다. 동물과의 만남에서 가장 중요한 것은 바로 교감. 사람의 감정은 동물에게 고스란히 전달된다. 사람이 겁을 먹으면, 동물도 그 감정을 느끼고 불안해한다.

나는 천천히 허리를 숙이며 순록과 눈을 맞췄다. 그리고 손을 뻗어 조심스럽게 털을 어루만졌다. 부드럽지만 단단한, 순록의 몸에서 느껴지는 강인한 생명력. 마침내, 내가 꿈꾸던 순간이 눈앞에서 펼쳐지고 있었다.

✦ 자르갈란트에서 만난 몽골 사람들

　2년 만에 다시 찾은 자르갈란트였다. 그 사이 이곳에는 주차장이 생겼고, '입수 금지'라는 표지판도 세워졌다. 하지만 다행히도 풍경만큼은 변함없이 그대로였다. 눈 덮인 대지 위에서 피어오르는 수증기, 몽환적인 분위기를 자아내는 상고대, 그리고 끝없이 펼쳐진 얼음 왕국. 여느 때보다 조금은 분주해 보이는 자르갈란트였다. 이제는 이곳의 아름다움이 현지인들 사이에서도 소문이 난 듯, 델과 전통 모자를 갖춰 입은 몽골 가족들이 곳곳에서 기념사진을 찍고 있었다. 우리도 자연스럽게 그들 사이에 섰다. 델과 전통 모자를 야무지게 차려입은 하늘이는 현지인들과 위화감 없이 어울리며 기념사진을 남겼다. 모르는 사람이 보면 분명 한 가족이라 생각할 법했다. 기념 촬영을 요청하면 누구하나 거절하는 법 없이 환한 미소로 맞아주는 몽골 사람들의 따뜻한 정이 다시금 마음을 울렸다.

　그렇게 현지인들과 동화되어 자르갈란트를 즐기던 하늘이는 드론을 꺼내 하늘로 띄워 올렸다. 하지만 얼마 지나지 않아, 추위 때문인지 갑

chapter 5_몽골인들의 휴양지, 홉스골

그럼에도 몽골

자기 에러가 나며 드론이 퐁당- 영하 30도의 강물 속으로 떨어지고 말았다. 순식간에 벌어진 일이었다. 우리보다 더 놀란 몽골 사람들이 삼삼오오 모여들어 걱정하기 시작했다. 어떤 이는 아예 강물에 직접 들어가 꺼내주겠다고 나서기까지 했다. 당황한 우리는 그를 말리느라 진땀을 흘렸지만, 그 순간에도 몽골인들의 정을 다시 한 번 깊이 느낄 수 있었다. 다행히도 20분 넘게 강에 잠겨 있던 드론은 아무런 문제 없이 작동했다. 혹한 속에서도 견뎌낸 드론의 기술력에 또 한 번 감탄했다.

그렇게 드론을 무사히 되찾고 있던 시점, 남편에게 한 몽골인이 바이올린을 연주하는 듯한 손짓을 했다. 도대체 무슨 뜻인지 알 수 없어 멋쩍게 웃기만 했다. 그리고 그를 따라 조금 더 깊은 곳으로 들어가니, 눈앞에 믿을 수 없는 광경이 펼쳐졌다.

영하 30도의 추위 속, 얼어붙은 손을 호호 불어가며 몽골 전통악기 '마두금'을 연주하는 10대 소년과 그를 중심으로 둥글게 모여든 몽골인들 모두가 마두금의 선율에 맞춰 노래를 따라 부르고 있었다. 남편에게 보였던 제스처가 이곳을 말했던 것이었다. 온몸에 전율이 흘렀다. 「걸어서 세계속으로」가 바로 눈앞에서 펼쳐지고 있었다. 그동안의 몽골 여행은 주로 풍경을 감상하는 여정이었다면, 이번 여행은 몽골 사람들과 함께하는 진짜 여행 같았다. 마치 이제야 진짜 몽골을 만난 것만 같은 기분이 들었다.

겨울 홉스골 여행을 마무리하기 전 마지막으로 다시 한 번 자르갈란트로 향했다. 주차장에 내리자마자, 아침 안개와 상고대를 배경으로 한가롭게 피크닉을 즐기는 몽골인들이 보였다.

"이게 바로 진짜 낭만이지."

나는 "Сайн байна уу(센베노)!"를 외치며 그들에게 다가갔다. 경계할 법도 한데, 그들은 오히려 두 팔을 흔들며 반갑게 맞아주었다. "솔롱고스~!" 하며 한국인임을 밝히자, 이들은 "한국 사람?" 하며 능숙한 한국어로 인사를 건넸다. 그리고는 오래전부터 알던 사이처럼 당연하다는 듯 진수성찬을 내어주었다.

차갑게 얼어붙은 몸을 녹여준 것은 몽골 전통차인 수태차였다. 한 모금 마시는 순간, "카하~" 소리가 절로 나왔다. 그리고 이어서 그들은 "고기도 먹어보라"며 작은 덩어리를 건넸다.

"모르~"

말고기였다. 몽골에서는 누군가 음식을 내밀면 바로 받아먹는 것이 예의라고 배웠기에, 예의상 한 입 베어 물었다. 영하 30도의 혹한 속에서 자동 냉동된 말고기의 식감은 마치 얼어붙은 육포를 씹는 듯했다. 예상치 못한 질감에 당황한 나는 남편 쪽으로 슬쩍 고기를 넘겼다. 그리고 바로 그 순간—

"레인보우!"

몽골인 아주머니가 하늘을 가리키며 외쳤다. 새하얀 눈과 강렬한 아침 햇살이 반사되어 만들어진 무지개였다. 몽골의 대자연이 마지막 순간까지 우리에게 선물 같은 풍경을 보여주고 있었다. 아름다운 풍경을 함께 나누고 싶어 하는 몽골인들의 따뜻한 마음에, 두 번 감사한 아침이었다. 뜻밖의 만찬과 함께, 마지막 자르갈란트를 온전히 만끽하며 이번 겨울 홉스골 여행을 마무리했다.

✦ 나는 여전히 몽마르다

처음 몽골 땅을 밟게 된 계기는, 대학 시절 남편이 내몽고 사막에서 나무를 심던 때로 거슬러 올라간다.

"내가 반했던 그 사막을, 우리 함께 언젠가 꼭 보고 싶어."

운명처럼, 2017년 우리에게 고비사막 색깔의 지프 랭글러가 생겼고, 망설임 없이 몽골행 짐을 쌌다. 그리고 그렇게, 몽골과의 첫 인연이 시작되었다. 그때부터 겪은 수많은 장면이 머릿속을 파노라마처럼 스쳐 지나간다. 끝없이 펼쳐진 초원을 달리던 순간, 유목민들의 게르에서 따뜻한 차를 대접받던 기억, 얼어붙은 호수를 달리는 짜릿함, 그리고 낯선 이들과 눈빛만으로도 깊은 교감을 나누던 순간까지.

어느 한 장면만을 떼어 "이곳이 최고였다"라고 말하기엔, 예기치 않은 곳에서 마주친 풍경이 계획했던 장소보다 더 아름답게 다가왔고, 지도에도 없는 길을 따라 걷다 보니 몽골의 새로운 얼굴을 발견할 수 있었다. 몽골을 여행하며 깨달은 가장 큰 가치는 바로 예측할 수 없음이 주는 즐거움이었다. 그동안 많은 여행지를 다녔지만, 몽골은 단순히 '좋은 곳'으로 남지 않았다. 이곳은 나를 다시 찾아오게 만들었고, 길 위에서 나 자신을 더 깊이 이해할 수 있는 기회를 주었으며, 타인을 있는 그대로 받아들이는 법을 배우게 했다. 때로는 낯선 환경 속에서 나약해지기도 했고, 때로는 전혀 다른 문화 속에서 스스로를 단단하게 다잡아야 했던 순간도 있었다.

하지만 그 모든 과정이 몽골이 나에게 남긴 선물이라고 생각한다. 무엇보다, 몽골이라는 단어 하나만으로도 연결된 인연들. 이곳에서 만난 사람들과 함께한 시간들은 '내 평생을 다해도 이보다 값진 경험을 다시 할 수 있을까?' 싶을 정도로 소중했다. 길 위에서 우연히 만난 사람들의 작은 호의, 한 번의 만남이 깊은 인연으로 이어지는 과정, 말이 통하지 않아도 전해지는 온기. 여행을 하며 가장 많이 느낀 건, 누군가에게 받은 온정은 결국 또 다른 누군가에게 흘러가야 한다는 것이다.

몽골에서 받은 수많은 따뜻함을 언젠가 꼭 되돌려 주고 싶다. 이 책을 읽는 독자들이 나의 경험을 통해 몽골이라는 나라에 대한 호기심을 가지게 된다면, 혹은 내가 걸었던 길을 따라 걷고 싶다는 마음이 든다면, 그것만으로도 충분히 의미 있는 일일 것이다.

그리고 무엇보다, 이 모든 여정을 함께해 준 사람들에게 감사 인사를 전하고 싶다.

먼저, 처음 나를 몽골로 이끌어 준 남편.

"당신이 아니었다면, 나는 이토록 몽골을 사랑하게 되지 못했을 거야."

그리고 우리의 일곱 번째 몽골 여정을 더욱 특별한 기억으로 만들어

준 아미와 동호.

"너희 덕분에 내가 몽골과 더 깊이 사랑에 빠질 수 있었어."

이 여행을 함께하며 수많은 변수 속에서도 나를 믿고 따라 준 모든 일행, 우리의 웃음소리, 끝없는 대화, 같은 곳을 바라보며 함께 느꼈던 감정들까지, 이 모든 것이 몽골이라는 배경 속에서 더욱 선명하게 남았다. 비록 책은 여기서 마무리 짓지만, 나의 몽골 이야기는 끝나지 않았다. 나는 아직 몽마르기에.

그럼에도
몽골

초판1쇄 2025년 5월 30일 **지은이** 차은서 **사진** 김창규·차은서 **펴낸이** 한효정 **편집교정** 안수경 **기획** 박화목 **디자인** d.purple **일러스트** Freepik **마케팅** 안수경 **펴낸곳** 도서출판 푸른향기 **출판등록** 2004년 9월 16일 제 320-2004-54호 **주소** 서울 영등포구 선유로 43가길 24 104-1002 (07210) **이메일** prunbook@naver.com **전화번호** 02-2671-5663 **팩스** 02-2671-5662 **홈페이지** prunbook.com | facebook.com/prunbook | instagram.com/prunbook

ISBN 978-89-6782-237-8 03910
ⓒ 차은서, 2025, Printed in Korea